Klaus Jüra
1988

Westermann · Über Unbeliebtheit und Beliebtheit von Juristen

Über Unbeliebtheit und Beliebtheit von Juristen

Prof. Dr. Harm Peter Westermann

Freie Universität Berlin

Verlag Dr. Otto Schmidt KG · Köln

CIP-Kurztitelaufnahme der Deutschen Bibliothek

Westermann, Harm Peter:
Über Unbeliebtheit und Beliebtheit von Juristen /
Harm Peter Westermann.
– 2. Aufl. – Köln: O. Schmidt, 1987.

ISBN 3-504-01850-X

1. Auflage 1986
2. Auflage 1987

Druck: Bercker, Graphischer Betrieb GmbH, Kevelaer

Dem Andenken
meines Vaters

Inhaltsverzeichnis

I. Historisch-kritische Aufbereitung
der Fragestellung

1. Anlaß und Art der Überlegungen

Eine gewisse Erfahrung mit bürgerlichen Umgangsformen, wie sie sich im Laufe einer fünfzehnjährigen Tätigkeit eines Hochschullehrers in Deutschland wohl einstellen mag, lehrt, daß Juristen selten als Festredner aufgeboten werden. Das hat Gründe, die natürlich unmittelbar mit meinem Thema zusammenhängen, ist aber deshalb auch verständlich. So mußte ich mir denn die Gelegenheit, juristische Gedankengänge einmal einem breiteren und nicht nur aus Juristen bestehenden·Publikum zu unterbreiten, sozusagen selbst schaffen und auf die alte akademische Tradition der Antrittsvorlesung eines neu berufenen Hochschullehrers* zurückgreifen. Freilich belastet man auf diese Weise die Darstellung einer m. E. zeitlosen Problematik sogleich mit dem Zweifel, in welchem Sinne außer dem einer Restauration man denn heute eine aus mancherlei Gründen fast vergessene akademische Tradition aufnehmen solle, von der sich noch erst zeigen muß, ob sie lebensfähig ist. Aber dies wird aufgewogen durch die Hoffnung, das persönliche Element, das zu Tage kommt, wenn jemand öffentlich „antritt", werde es gestatten, fachwissenschaftliche Überlegungen mit einer Darstellung der Absichten und Hoffnungen dessen zu verbinden, der sich eine ganz neue Umgebung erschließen möchte.

Wir können also, ohne den angedeuteten Zweifeln weiter nachzugehen, einfach aus den äußeren Lebensumständen des Autors unmit-

---

* Gehalten am 27. November 1985 an der FU Berlin, an der ich zum Wintersemester 1984/85 zum Professor ernannt worden war.

  Die Vortragsform ist beibehalten worden, Art und Umfang der Nachweisungen bleiben hinter den Erfordernissen einer wissenschaftlichen Veröffentlichung zurück.

telbar die sowohl persönliche als auch sachliche Frage ableiten, wie man als Jurist mit seiner Umwelt zurechtkommt, inwieweit Erfolg oder Versagen hierbei eine Auswirkung des Fachs ist, das man betreibt, oder des Charakters, des Lebensalters, der Lernfähigkeit und Lernwilligkeit oder – um es in der vertrauten Terminologie des § 119 Abs. 2 BGB zu sagen – anderer verkehrswesentlicher Eigenschaften der Person.

Das hört sich schon ein wenig juristisch an. Manche Zuhörer und Leser werden demgegenüber erwartet haben, daß ihnen aus dem überreichlichen Schatz an Aphorismen, die es in der humoristischen und kritischen, in der philosophischen und sozialwissenschaftlichen, in der römischen und in der mittelalterlichen Literatur und nicht zuletzt in der Rechtswissenschaft selber über die Juristerei und die Juristen gibt[1], eine Anthologie dargeboten wird, und natürlich war die Versuchung groß, mir auf diese Weise die Vorbereitung meines Vortrags zum Lesevergnügen zu machen. Dieser Teil der Thematik soll noch zur Sprache kommen. Er muß aber noch einen Augenblick zurücktreten zugunsten eines sehr persönlichen, weil etwas schmerzlichen Bekenntnisses, das sich in Worten leider nicht allzu gut wiedergeben läßt, weil sein Wesentliches in einer Zeichnung besteht. Viele kennen sicher den Ratschlag des bekannten Karikaturisten Loriot, nach dem Herren, die unter gesellschaftlicher Bedeutungslosigkeit leiden, sich anläßlich von Abendeinladungen nur als Arzt kenntlich zu machen brauchen, damit ihnen alle Herzen zufliegen: In der Zeichnung sieht man eine Dame, die dem neuen Gast die Zunge entgegenstreckt, einen Herrn,

Loriot*

1 Beste Übersichten bei *Heinze*, Der ungeliebte Jurist – Dokumente eines Mißverständnisses, 1981; *H. M. Schmidt* (Herausg.), Juristen-Spiegel, 2. Aufl. 1960; *Nentwig*, Rechtsanwälte in Karikatur und Anekdote, 4. Aufl. 1983; *ders.*, Richter in Karikatur und Anekdote, 1981.
* Gesammelte Werke, (c) Diogenes Verlag AG Zürich

der gerade den Oberkörper freimacht, einen dritten, der Brusthaare und Bauchnabel bereits freigelegt hat. Es ist nicht zu bestreiten, daß man es als Jurist in der bürgerlichen Gesellschaft, aber auch in der Universität nicht annähernd so leicht hat. Und sollte einem gelegentlich die Zunge herausgestreckt werden, so sicher in einem weniger schmeichelhaften Sinn. Abseits der Ratschläge Loriots fragt sich ja wirklich, warum dem Mediziner die skizzierten gesellschaftlichen Erfolge so schnell zufallen, während der Jurist, bevor er ernst genommen wird, immer erst dokumentieren muß, daß er auch etwas von Musik, Oper, Theater, Golf, Tennis, fremden Ländern, Pädagogik, bildender Kunst oder Politik versteht.

Der Gegenstand ist ernst genug, um darüber weitere Kreise zum Nachdenken anzuregen, und seine akademische Dignität läßt sich durch Zitate der großen Wissenschaftler, die sich seiner angenommen haben[2], leicht belegen. Neuerdings werden sogar die Beziehungen zwischen Juristerei und Literatur, um nicht zu sagen: Dichtung, wieder behandelt[3], die aber hier nicht weiter interessieren, weil es mir um das Ansehen der Juristen im allgemeinen und nicht nur derjenigen geht, deren Tun mit literarischen Maßstäben gemessen werden kann.

---

2 *Bockelmann,* Der Jurist im Urteil der Welt, Die Welt im Urteil der Juristen, in: Juristen-Spiegel, S. 5 ff.; *Riezler,* Die Abneigung gegen die Juristen, Rede beim Antritt des Rektorats am 4. November 1923, Erlangen 1925; *v. Jhering,* Scherz und Ernst in der Jurisprudenz, Ausgabe der wissenschaftlichen Buchgesellschaft Darmstadt, 1975 (darin die berühmte Szene: „Im juristischen Begriffshimmel", S. 245 ff.); *Wengler,* Über die Unbeliebtheit des Juristen, NJW 1959, 1705; *Erik Wolf,* Der unbeliebte, aber unentbehrliche Jurist – als Manuskript herausgegeben von *A. Hollerbach* und *H. P. Schneider* im Verlag Klostermann, Frankfurt (mir freundlicherweise zugeleitet von *U. Blaurock*).
3 Etwa durch *Kilian,* Literatur und Jurisprudenz – Anmerkungen zum Berufsbild des Juristen, DRiZ 1985, 18 ff.; *Wrobel,* Dank an Kurt Tucholsky, ZRP 1985, 313; sehr lesenswert auch *Friedlaender,* Rechtsanwälte und Anwaltsprobleme in der schönen Literatur, 1979.

Um es aber im übrigen speziell auf die Person des Autors zu beziehen, so muß über die Art, in der die Juristen mit ihrer beruflichen und privaten Umwelt in Kontakt treten und treten sollten, derjenige Klarheit haben, der sein Brot als akademischer Lehrer verdient. Daneben bildet die Methode der Einflußnahme auf und Beeinflussung durch fremddisziplinäre oder einfach auch außerrechtliche Gegebenheiten für einen Juristen, der wissenschaftlich einen Schwerpunkt im Wirtschafts- und Unternehmensrecht setzt, auch ein selbstverständliches Element seiner Schreibtischarbeit. Und schließlich ist eine gemeinverträgliche Einstellung zur Frage meines heutigen Themas eminent wichtig für jeden, der es gewohnt ist und auch in seiner wissenschaftlichen Arbeit darauf angewiesen ist, ständigen Kontakt mit der juristischen Praxis zu halten, was bedeutet: nicht nur zusehen und nachkarten, sondern selber an Entscheidungsvorgängen teilnehmen. Deshalb wird hier der Anspruch erhoben, nicht nur aus der Sicht des Lehr- und Arbeitsprogramms eines Hochschullehrers, sondern unter Einbeziehung der Praxis zu beschreiben, wie die Juristen und die Ergebnisse ihrer Tätigkeit angebracht und aufgenommen werden, und aus dieser Beschreibung einige Schlüsse zu ziehen.

Ich bin mir der Gefahr durchaus bewußt, die in der Themenstellung und im Anlaß ihrer Erörterung liegt. Wir alle, soweit wir Juristen sind, haben unsere eigene Vorstellung von dem, was hier besprochen werden soll, und daher könnte es gut sein, daß ich nur Erkenntnisse oder Formulierungen ausspreche, um die es zwar mir sehr ernsthaft zu tun ist, die aber für meine Leser und Zuhörer nur Banalitäten sind, weil sie darüber selbstverständlich ebenso oder ebenso selbstverständlich anders denken. Nun haben aber auch banale Erkenntnisse, wenn man sie vor einem hochachtbaren Forum zur Sprache bringt, die Chance, als Gemeingut anerkannt oder – was wichtiger ist – als Vorurteil entlarvt zu werden. Da wir alle wissen, welch große Rolle die Vorurteile der Juristen gegenüber der nichtjuristischen Umwelt und die Vorurteile der nichtjuristischen Umwelt gegenüber den Juristen für die Akzeptanz unserer Tätigkeit spielen[4], sollten wir die Gelegenheit, solche Vorurteile namhaft zu machen, getrost ergreifen.

2. Das Interesse des Juristen an seiner Beliebtheit

Mit dem Stichwort „Akzeptanz" bin ich bei einem zweiten Grundsatzaspekt meiner Betrachtung angelangt. Wenn die Juristen nur durch gerichtliche Urteile und ihre Vorbereitung Streitentscheidung zu betreiben hätten, so könnte ihnen die Art, wie diese ihre Äußerungen auf die Parteien und das Publikum wirken, ziemlich gleichgültig sein. Diese Art von Kundschaft entgeht uns nämlich nicht, und die im Justizdienst tätigen Juristen wissen genau, daß das viel beschriebene Unbehagen an Gerichtsverfahren das Publikum in seiner großen Masse weniger denn je davon abhält, bei ihnen arbeiten zu lassen. Auch die verbreiteten Klagen über die allumfassende Justiziabilität – fast gibt es nichts mehr, worüber nicht Gerichte entscheiden können und gegebenenfalls müssen[5] – haben jedenfalls zu einer spürbaren Abkehr vom – wie es kritisch heißt – „Justizstaat" noch nicht geführt. Der Strafrechtler etwa ist von jeher gewöhnt, mit der Aura des Unangenehmen zu leben und mit Menschen umzugehen, von denen ihm nur die nach bürgerlichen Maßstäben weniger Angesehenen unbefangen entgegentreten. Immerhin ist die Gefahr, durch schwer verständliche Entscheidungen das Bild des Juristen in einer für die Justiz unerträglichen Weise zu beeinflussen, des Nachdenkens wert. Auch die höchstrichterliche Rechtsprechung bedarf, um etwa Rechtsfortbildung betreiben zu können, einer gewissen Aufnahmebereitschaft auf Seiten der nichtjuristischen Öffentlichkeit. So kann man sich kaum vorstellen, daß sich die klar contra legem gehende Rechtsprechung zum Geldersatz für immaterielle Folgen von Persönlichkeitsverletzungen ohne das verbreitete Unbehagen

---

4 Eingehend *Bockelmann*, aaO. S. 5 f., 7 f.
5 *Bockelmann*, aaO. S. 5.

an der Macht der Massenmedien hätte durchsetzen können. Wo die richterliche Rechtsfortbildung über das Ziel hinausschießt, so etwa vor einigen Jahren durch die in der Praxis nicht vorhergesehenen Anforderungen zur Verlesung von Zeichnungen und Plänen, die Anlagen zu notariellen Urkunden bilden sollen, wodurch sich in vielen Fällen noch nicht vollständig abgewickelte Verträge plötzlich als unwirksam erwiesen, hat dann auch meist schleunigst der Gesetzgeber eingegriffen[6]. Dies sind aber doch nur Randerscheinungen. Insgesamt braucht Justiz, die sich damit begnügt, daß ihre Sprüche in Rechtskraft erwachsen, noch verhältnismäßig wenig Rücksicht darauf zu nehmen, was an Formalismus, Verfehlung der sachlichen Bedürfnisse des praktischen Lebens, Sprachunvermögen, Rückständigkeit oder Ideologie ihr vorgeworfen wird[7].

---

6 Zu §§ 9, 13 BeurkG a. F. vgl. das BGH-Urteil in BGHZ 74, 346; dazu *Hagen,* Zur Formunwirksamkeit beurkundeter Verträge bei Verweisungen auf Baubeschreibungen, Baupläne und Teilungserklärungen, NJW 1979, 2135, sowie die Gesetzesnovelle vom 20. 2. 1980 in BGBl. I, 157.

7 Das ändert natürlich nichts daran, daß die grundsätzliche Justizkritik, zu Zeiten Tucholskys noch weitgehend wirkungslos, in den Jahren nach 1965 aber – zum Teil unter Verwendung gleicher Kritikansätze – sehr populär geworden, den Juristenstand sehr zum Umdenken gebracht und in manchen Richtern etwa die Wunschvorstellung geweckt hat, als „Sozialingenieur" zu wirken (dazu aus der Sicht des mir vertrauten Gesellschaftsrechts *H. P. Westermann,* Kautelarjurisprudenz, Rechtsprechung und Gesetzgebung im Spannungsfeld zwischen Gesellschafts- und Wirtschaftsrecht, AcP 175, 375, 389 ff. sowie allgemeiner *Erik Wolf,* aaO. S. 2). Ich kann auch bezeugen, daß viele Angehörige der schon unter meiner Mitwirkung ausgebildeten Juristengeneration mit der Vorstellung die Universität verließen, daß die verbreiteten „Mutmaßungen über Richter" (*Plaßmann,* Mutmaßungen über Richter, JZ 1975, 41) zutreffend seien und ihnen durch einen neuen Geist der praktischen Rechtsprechung begegnet werden müsse. Nicht zuletzt hat dieser Gedanke die lebhafte Diskussion um die Reform der Juristenausbildung beeinflußt, siehe dazu *Oehler,* In welcher Weise empfiehlt es sich, die Ausbildung der Juristen zu reformieren?, Gutachten in: Verhandlungen des 48. Deutschen Juristentages, 1970, Bd. I, S. E1 ff.

Viel schwieriger ist dies für diejenigen Juristen, die im Vorfeld einer Streitentscheidung stehen oder Rechtsverhältnisse gestalten. Ihre Entscheidungen erwachsen nicht in Rechtskraft, sondern werden – womöglich viele Jahre nach ihrem Rat – an dem gemessen, was aus den Fällen geworden ist, an der objektiven Richtigkeit also, deren Objektivität zunächst einmal in der Unanfechtbarkeit der Ergebnisse liegt. Wer die Juristerei so zu betreiben hat, ist im Gegensatz zum Justizjuristen in seinem Ruf notwendig und extrem ergebnis- und parteiorientiert. Dies ist mit Blick auf denjenigen Juristen gesagt, der „Auftraggeber" hat, die ihn auswählen und bezahlen, oder der beruflich die Interessen bestimmter Wirtschaftskreise zu verteten hat[8]. Aber das Gesagte gilt auch aus der Sicht des jeweiligen Gegners. Wir wissen um die Ambivalenz des Ansehens dessen, dem der Ruf vorausgeht, aus schwarz weiß machen zu können – Rechtsanwälte wie Universitätsprofessoren, die gelegentlich Gutachten schreiben, sind sich zumeist klar darüber, daß es nur zu oft nicht so sehr ihr fachliches Können, sondern ihre Fortune im Ergebnis ist, die ihren Erfolg ausmacht. Aus der Sicht dieser Berufsgruppe ist es also problematisch, auf Beliebtheit oder Unbeliebtheit zu blicken, aber sie tun es doch.

Ein letzter Hinweis in diesem Zusammenhang gilt dem, was Richter und Rechtsberater oft zusammenführt, der Schiedsgerichtsbarkeit im Sinne der §§ 1025 ff. ZPO. Nicht selten, etwa in Jubiläumsreden oder Nekrologen, liest man, der Betreffende sei ein „beliebter Schiedsrichter" gewesen, was wohl bedeutet, daß er es verstanden hat, zerstrittene Parteien zu einem wirtschaftlich und menschlich vernünftigen Ausgleich zu bringen, sei es durch die Kraft seiner Persönlichkeit, sei es durch die Macht der Tatsache, daß er als Obmann, auf den die von den Parteien ernannten Schiedsrichter sich geeinigt haben, erst- und zugleich letztinstanzlich entscheidet. So leicht ist Beliebtheit zu erlangen!

---

8 Siehe *Erik Wolf*, aaO. S. 4 zu den Juristen, die ihre Sachkenntnis denjenigen zur Verfügung stellen, „die sie für wirtschaftlich und politisch fragwürdige Unternehmungen brauchten und gut bezahlten".

Eine erste Feststellung kann hier getroffen werden, die von Loriots Zeichnung ein wenig wegführt. Die Juristen wissen, daß sie nicht beliebt sind, und sie sind bis zu einem gewissen Grade verpflichtet, sich darum nicht zu kümmern. Manche von uns können durchaus auf Beliebtheit verzichten (ohne natürlich gleich unbeliebt sein zu wollen); andere wissen zumindest nicht recht, ob sie ihrer Beliebtheit – if any – trauen sollen oder nicht. Hier liegt einer der Gründe, weshalb ich nicht nur über die Unbeliebtheit der Juristen sprechen wollte, die das literarisch dankbarere Objekt ist, sondern auch über die Ursachen und Voraussetzungen ihrer Beliebtheit, die ich beobachtet zu haben glaube und die dann auszusprechen bis zum gewissen Grade eine Novität wäre.

3. Die Fama der Juristen und ihre Ursachen

Wenn ich vorhin gesagt habe, daß ich heute keine Lesefrüchte zum besten geben möchte, so heißt dies auf der anderen Seite nicht, daß ich keine vorbereitende Lektüre getrieben hätte. Dazu ist über mein Thema zu viel nachgedacht und geschrieben worden.

a) Gerade bei einem Vortrag an der Freien Universität sollte nicht unerwähnt bleiben, daß hier schon einmal eine Festrede „Über die Unbeliebtheit der Juristen" gehalten wurde[9]. Wenn ich gegenüber dieser Formulierung eine vorsichtige Akzentverschiebung versucht habe, so muß man sich doch darüber klar sein, daß sie dem Meinungsstand jedenfalls der großen Geister der jetzigen wie vergangener Zeiten nicht gerecht wird. Meinhard Heinze hat in einem Büchlein mit dem Titel „Der ungeliebte Jurist" eine schier überwältigende Fülle von abwertenden Äußerungen über die Juristen zusammengestellt, und auch ein Wissenschaftler vom Range Erik Wolfs zeigt sich durch eine Reihe von für den Juristenstand wenig schmeichel-

---

9 *Wengler,* aaO. (Fn. 2), Vortrag aus Anlaß der Einweihung des neuen Fakultätsgebäudes, gehalten am 3. 7. 1959.

haften Versen und Traktaten beeindruckt. Allein die Namen Luther, Abraham a Santa Clara, das „Narrenschiff" des Sebastian Brant, Hans Sachs, Ulrich Zasius, Goethe, Büchner, Adolf Freiherr von Knigge, Ludwig Thoma, von denen zwei ja sogar „vom Fach" waren, hätten ausgereicht, mich von der Nichtswürdigkeit meiner Profession zu überzeugen, wenn nicht die Kritiken so scharfzüngig wären, daß sie aufgrund des auch bei mir vorhandenen reinen Selbsterhaltungstriebs Widerspruch herausgefordert hätten. In der bildenden Kunst ist unsere Fama kaum besser, wenn auch die Kritik etwas einseitiger ausfällt. So hat der Maler Holbein, auf den Erik Wolf[10] hinweist, in seinem „Totentanz" geldheischende Juristen als „Taschenrichter" gezeigt.

Aber ungeachtet unseres Schicksals beim Weltgericht, das wir – wie viele plastische Darstellungen in Kirchen und Klöstern zeigen – mit den Mächtigen dieser Erde teilen dürften, erfahren wir schon im Alltag hier unten manche Kränkung. So berichtet Erik Wolf[11] von einem anregenden Gespräch mit einer von ihm als „intelligent" bezeichneten Dame während einer Eisenbahnfahrt, die, als sie seinen Beruf erfuhr, enttäuscht ausgerufen habe: „Jurist sind Sie? Ach wie schade!" Ich selber, offenbar weniger gesellig als Wolf, habe mir diese verbreitete Einstellung zunutze gemacht, als ich als Privatdozent und Lehrstuhlvertreter mein Gewerbe im Umherziehen ausübte. Um – in Köln wohnend – meinen Göttinger Studenten wenigstens um einige Stunden im Stoff vorausein zu können, wollte ich in der Eisenbahn ungestört arbeiten und legte eine Ausgabe der ZPO so auf den Sitz neben mir, daß sie vom Gang aus gut sichtbar war. So bin ich ein Semester lang ohne Mitreisende im Abteil geblieben, mit der einzigen Ausnahme eines jungen Rechtsanwalts, der sich gerade von diesem – mir übrigens wenig vertrauten – Gesetzbuch angezogen fühlte und mich dann einen ganzen Nachmittag lang von der Arbeit abhielt. Unter Juristen ist der Jurist nämlich durchaus beliebt, und das

---

10 Hinweis von *E. Wolf,* aaO. S. 5.
11 aaO. S. 1.

Fachgespräch unter Kollegen wird von Juristen-Ehefrauen, die ich gern einmal zu einem Korreferat über mein Thema veranlassen möchte[12], sicher als hervorragendes Charakteristikum angesehen.

b) Man könnte die Reihe der Zitate, der scherzhaften und der bösartigen, noch lange fortsetzen. Wichtiger ist es, nunmehr, um einmal ein Wort Rudolf Wiethölters[13] aus dem Zusammenhang zu reißen, den Bodensatz des Unbehagens an den Juristen zusammenzukratzen.

Einen großen, wohl den wesentlichen Teil unserer Unbeliebtheit haben wir der Materie zu verdanken, mit der wir umgehen, dem Recht. Für den einzelnen ist Recht Ordnung und staatliche Steuerung, Äußerung einer übergeordneten Macht, und die Juristen sind ihre Verwalter. Sie verfahren dabei nach Regeln, die der Nichtjurist nicht kennt und durchschaut[14]. Zumeist – in bürgerlichen Rechtsstreitigkeiten unvermeidbar – schneidet dabei jemand schlecht ab, der sich seine Rechtsposition stärker vorgestellt hatte. Mit dem Gefühl des Ausgeliefertseins gegenüber dem Verwalter einer fremden Macht hängt ein zweiter Gesichtspunkt zusammen. Der Soziologe Luhmann hat darauf hingewiesen, daß die Betreuung gesamtgesellschaftlicher Funktionen, mit der wir Juristen es zu tun haben, erhebliche Risiken für die betreffende Berufsgruppe mit sich bringt, andererseits die Chance der Monopolisierung eines nicht allgemein zugänglichen Wissens und Könnens birgt, woraus wiederum die Gelegenheit zur „Machtentfaltung im Eigeninteresse" erwachse[15].

---

12 Auge in Auge mit meinem Publikum habe ich nicht gewagt, in dieser Weise den Gegenstand meines Vortrages auf den „geliebten Juristen" zu übertragen.

13 Die GmbH & Co. KG – Chancen und Grenzen, in: Aktuelle Probleme der GmbH & Co. KG, 1967, S. 11.

14 Hierzu und zum folgenden *Treiber,* Juristische Lebensläufe – Vergangenheit nach Maß und von der Stange – Image und Imagepflege von Juristen in laudationes und Nekrologen, Kritische Justiz 1979, S. 22.

15 Rechtssoziologie, 1972, S. 288 f., siehe auch die Bemerkungen von *Riezler,* aaO. S. 9.

Man sieht, welches das Risiko ist, nämlich das Umsichgreifen der Vorstellung, die Machtentfaltung im Eigeninteresse könnte ein Faktor bei der Rechtsfindung, möglicherweise sogar der ausschlaggebende, gewesen sein. Wengler und Bockelmann, um nur zwei bekannte Namen zu nennen, haben in diesem Sinne auf die nur von den Juristen als Widerspruch empfundene Antinomie hingewiesen, die darin liegt, daß dieselben Kräfte, die in juristischen Entscheidungen stets eine Manipulation des objektiven Rechts wittern, vom Juristen auf der anderen Seite immer wieder verlangen, er möge manipulieren, nur bitte in einem anderen Sinne[16]. Der Jurist, der nicht gehorsam in den Bahnen des jeweiligen Zeitgeistes denkt, ist eben dem Denken einer vergangenen Epoche verhaftet, das er mit einer Geheimwissenschaft zu einer machtvollen Institution ausgebaut hat. Von hier aus erklärt sich leicht, daß die Art, in der der Jurist einen komplexen Lebenssachverhalt aufbereitet und dabei eine Selektion von Tatsachen vornimmt, so oft als willkürlich und lebensfremd empfunden wird[17]. Und auch die bekannte Tatsache, daß keine Disziplin ihre Ergebnisse so oft von Laien angegriffen sieht wie die juristische, und daß kein Berufsstand von so vielen klugen Leuten der Besserwisserei bezichtigt wird wie der der Juristen, hängt mit dem Argwohn zusammen, hinter unserem für den Nichtjuristen nicht durchschaubaren Umgang mit alltäglichen Vorgängen und hinter unserer Beurteilung der Bedürfnisse des praktischen Lebens müsse Absicht und Wille zur Machtentfaltung stecken.

Damit ist übrigens nicht nur die Macht des Juristenstandes gemeint, sondern schlechthin die Stellung der Mächtigen in dieser Welt und das Gewicht der tradierten Werte, als deren Diener die Juristen

---

16 *Wengler,* aaO. S. 1706; *Bockelmann,* aaO. S. 6

17 Dazu besonders *Wengler,* aaO. S. 1705; *Riezler,* aaO. S. 11. Hierher gehört auch die bekannte Tatsache, daß oftmals gerade ein für den Laien problemloser und klarer Sachverhalt der rechtlichen Würdigung Schwierigkeiten bereitet: factum clarum, ius nebulosum (dazu in lesenswerter Ironisierung des Stils englischer Entscheidungen *Herbert,* in: Rechtsfälle, Linksfälle, 4. Aufl. 1984, S. 14).

oft gescholten werden und als deren Hüter sie sich übrigens auch oftmals darstellen. Eine von Treiber publizierte, gehässige, aber doch
lesenswerte Zusammenstellung juristischer Jubiläumsgrüße, Fest-
schrift-Einleitungen und Nekrologe aus dem Jahre 1978[18] betont
besonders die Unwahrhaftigkeit des Hervorkehrens des apolitischen
Dienstes an der Sache, die schicksalhafte Zuordnung juristischer
Arbeit zum Konservativismus, das schlechte Gewissen des Theoreti-
kers gegenüber den Bedürfnissen der Praxis und die Idealisierung der
Verbindung beider, kurz: das Verstecken des Strebens nach persönli-
chem Erfolg hinter einer idealen Rolle. Die „ethische Gleichgültig-
keit allzu geschickter und wendiger Juristen"[19] besagt nichts anderes
als wiederum die Jagd nach Macht und Erfolg unter dem Deckmantel
professioneller Standards.

Diese Punkte werden vielfach als der Kern der Unbeliebtheit der
Juristen angesehen. Zu ihnen treten andere, die freilich m. E. weniger
Gewicht haben, wenn sie auch die Kritik verschärfen. Ich nenne hier
nur die Sprachbarriere zwischen dem Juristendeutsch und der Um-
gangssprache[20] (was den Juristen im Gegenzug zu Betrachtungen
über das heute beliebte Neuschwachhochdeutsch anregen könnte);
die Begrifflichkeit der Rechtssätze und ihrer Interpretation (als wenn
wir Juristen im Begriffshimmel mehr als nur eine Mansarde innehät-
ten); die Ideologieträchtigkeit ihrer Wertungen (die nur von dem auf-
richtig behauptet werden könnte, dem es gelänge, die Ideologie des
Pluralismus überzeugend zu formulieren[21]); schließlich die furcht-
bare Kompliziertheit und Unübersichtlichkeit allen modernen
Rechts (die in der Tat jedem zu denken gibt, der auf Befragen zu lesen
bekommt, welche Sottisen ein hochentwickelter Computer aus einer

---

18 Siehe Fn. 14.
19 *E. Wolf,* aaO. S. 3.
20 Dazu wiederum *Riezler,* aaO. S. 7; *E. Wolf,* aaO. S. 3 mit der Bemerkung,
   manche Staatsbürger fürchteten im Juristendeutsch sogar absichtliche
   Zweideutigkeit.
21 Dazu *E. Wolf,* aaO. S. 4.

einfachen, früher einmal vom Leser selbst verfaßten Urteilsanmer-
kung hervorzaubert). Dies alles überzeugt nicht besonders, wenn
man Vergleiche zur Soziologie, zur Pädagogik, zu den Natur- und
sogar zu den Sprachwissenschaften zieht. Im Gegenteil: Ich finde,
daß man nicht besonders intelligent oder überdurchschnittlich gebil-
det sein muß, um es als Jurist auch zu etwas zu bringen. Ludwig
Thomas berühmter königlich bayrischer Amtsrichter Alois Eschenbacher, der, wie Thoma sagt, ein guter Jurist und auch sonst von
mäßigem Verstande war[22], durfte hier und heute natürlich nicht
unerwähnt bleiben, doch werde ich auf ihn nur unter einem ganz
speziellen Aspekt zurückkommen. Im übrigen braucht man sich mit
dem Vorwurf der Dummheit und Borniertheit hier gewiß nicht aus-
einanderzusetzen, da er sich von einem Angehörigen der so karikier-
ten Gruppe schlecht widerlegen läßt und denjenigen kaum stört, der
besondere geistige Gaben für seine Profession nicht beansprucht.
Auch die Feststellung Luhmanns[23], die Juristen seien kaum „scientists
in the strict sense", sollte unser Selbstverständnis nicht berühren.

Allerdings möchte ich generell nicht so verstanden werden, als
wollte ich den zahlreichen Betrachtungen über den ugly lawyer eine
weitere oder im Gegenteil eine Skizze des playmate of the law hin-
zufügen, zumal dies in einem Saal, in dem ganz überwiegend Juristen
sitzen, eher gefährlich wäre. Deshalb kümmere ich mich um die Fülle von Geist und Witz, die über die Juristen in Wort und Schrift aus-
geschüttet worden ist, im folgenden nicht weiter.

4. Eigener Ansatz

Immerhin sollte deutlich werden, welche Züge des Juristen aus der
verbreiteten Kritik näher untersucht und welche zur Aufhellung des

---

22 „Der Vertrag" in: Werke, S. 128 ff.
23 The legal professions in the Federal Republic of Germany, in: Lawyers in
their social setting, Edinburgh 1976, S. 98, 111.

Bildes herangezogen werden sollten. Nach meiner Meinung liegt der Grund und die Bedingung für die Notwendigkeit eines Juristen – und daraus sollte und könnte auch Beliebtheit folgen[24] – darin, daß er imstande ist, Entscheidungen, die rechtens und damit verbindlich sind, die Aufbereitung von Sachverhalten für solche Entscheidungen und die Gestaltung von Sachverhalten durch Verträge unter Offenlegung seiner Wertungen, d. h. aber unter Verarbeitung außerjuristischer Informationen und Vorverständnisse, normativ-objektiv zu begründen. Dies hört sich zunächst an wie die Quadratur des Kreises oder wie das Erfolgserlebnis eines Industriesyndikus, dem zu seinem 50. Geburtstag von Universitätsprofessoren, Verbandsjuristen, freien Anwälten, Gewerkschaftlern und Bundesrichtern eine Festschrift dargebracht wird. Dennoch halte ich ein solches Ziel nicht für schlechthin unerreichbar, wenn auch natürlich vieles zu den Möglichkeiten seiner Verwirklichung gesagt werden muß. Der Grund für die – sehr viel häufigere – Unbeliebtheit von Juristen liegt demgegenüber darin, daß es ihnen so selten gelingt – und daß es aus den genannten Gründen manchmal auch gar nicht gefragt ist –, in dem aufgezeigten Sinn darzutun, daß ihre Gedankenschritte nicht allein ergebnisgeleitet sind, daß es also nicht immer deutlich zu machen gelingt, welche ihrem Wollen entzogenen Vorgaben und welche Einflüsse außerjuristischer Richtigkeitsüberzeugungen an welcher Stelle in ihre Überlegungen eingeflossen sind. Was hier unterstellt ist, sollte man deutlich sagen: Es *gibt* den Einfluß außerjuristischer Einsichten und Wertvorstellungen auf juristische Entscheidungen, und es wäre ein Fall der viel gescholtenen „Formaljuristerei"[25], solche Einflüsse leugnen zu wollen. Somit kann es nur darum gehen, diese Kräfte und Richtigkeitsüberzeugungen an einer vor dem eigenständigen Wertungsauftrag des Rechts hinnehmbaren Stelle unseres Rechtssystems

24 Anders *E. Wolf*, aaO., der es offenbar für unabänderlich hält, daß der Jurist unbeliebt, aber unentbehrlich ist.
25 Dazu *Bockelmann*, aaO. S. 6.

in einer nachprüfbaren Weise in den Entscheidungsprozeß einzubeziehen und offenzulegen.

Ich bin mir des Umstandes bewußt, daß auch diese Aussage platitüden-verdächtig ist. Sie läßt sich nämlich mit einigem Übelwollen auf die einfache Form zurückschneiden, man könne es eben richtig oder falsch machen. Immerhin möchte ich versuchen, das, was ich mir unter richtig oder falsch und demzufolge als Grund für Beliebtheit oder Unbeliebtheit vorstelle, an einigen typischen Zügen juristischer Argumentation zu exemplifizieren. Ohne Anspruch auf Vollständigkeit möchte ich dabei die richterliche Tätigkeit und die derjenigen Juristen in den Mittelpunkt stellen, die entweder in der Rechtsberatung, in der vorsorgenden Rechtsgestaltung oder auch im Universitätsunterricht auf sie hinarbeiten.

II. Juristische Argumentation im Umgang mit den Parteien eines Rechtsstreits

1. Zur Begründung von Entscheidungen aus dem Gesetz

a) Wer jemals einen Prozeß als Partei oder als ihr Berater geführt hat, weiß, daß ein Urteil demjenigen mangelhaft vorkommt, der den Prozeß verloren hat. In der berühmten Gerichtsszene in Shakespeares „Kaufmann von Venedig" ehrt zunächst Shylock, als der junge Richter ihm im Ausgangspunkt Recht gibt, den Daniel, der zu richten kommt; als der Prozeß die Wendung zugunsten des beklagten Bürgen genommen hat, wird der Richter für seine – wie wir heute sagen würden – rein begriffliche Argumentation, Shylock dürfe dem Antonio zwar ein Pfund Fleisch nächst dem Herzen herausschneiden, dabei aber keinen Tropfen Blut vergießen, von Antonios Seite als „zweiter Daniel" bejubelt[26]. Aber die Einstellung zu einem Urteil ist nicht allein ergebnisabhängig. Schon wenn der Gewinner einer Instanz prüft, ob er auch in der nächsten Runde obsiegen wird, stellt sich eine kritischere Haltung gegenüber dem Urteil ein, die mit der Ungewißheit gemischt ist, ob auf die Argumente des unterlegenen Gegners in einer überzeugenden Weise eingegangen worden ist. Dies ist gar nicht so weit entfernt von den Überlegungen einer Prozeßpartei, die eine Instanz oder den Rechtsstreit verloren hat. Woran liegt es, daß die Sprüche der streitentscheidenden Juristen so oft unbefriedigend wirken, wo wir doch sicher davon ausgehen können, daß die meisten Parteien – Querulanten ausgenommen – den Richtern nicht Rechtsbeugung, absolute Voreingenommenheit oder Unfähigkeit unterstellen wollen? Man ist geneigt, den Grund im

---

26 Vierter Aufzug, 1. Szene: Ein Gerichtssaal in Venedig; zu Shakespeares „Kaufmann von Venedig" eingehend auch *Friedlaender*, aaO. S. 20 ff.

Abstand zwischen Laien und Profis zu suchen, übersähe aber dabei, daß derartige Gefühle durchaus auch bei Juristen anzutreffen sind, die rechtsberatend tätig sind und finden, daß man im statistischen Schnitt ebensooft unberechtigt verliert wie gewinnt.

Vieles ist auf die Überlastung der Justiz zurückzuführen. Auf einer Tagung über Maßnahmen zur Verbesserung der Rechtsgewährung in Nordrhein-Westfalen, an der ich auf Einladung des dortigen Justizministers teilnahm, wies der Präsident des OLG Düsseldorf darauf hin, ihm sei anläßlich einer Informationsreise durch die zu seinem Bezirk gehörenden Amts- und Landgerichte mit schonungsloser Offenheit klar gemacht worden, daß auch durch eine Erhöhung der von jedem Richter zu bearbeitenden Zahl von Eingängen der prozentuale Anteil erledigter Sachen im Jahresschnitt nicht sinken werde. Mit anderen Worten: irgendwie werde alles erledigt, natürlich auf Kosten der Gründlichkeit[27].

Aber das ist es nicht allein, sondern beeinflußt in erster Linie das Urteil von Juristen, vor allem der Parteivertreter. Eine größere Rolle spielen nach meinen Erfahrungen die Schwierigkeiten der Vermittlung dessen, was ein Urteil trägt und – wichtiger noch – die Standpunkte der unterlegenen Partei entscheidend geschwächt hat. Dabei ist einer der Punkte, der dem Laien, aber auch dem Juristen am häufigsten auffällt, das oftmals fast krampfhafte Bemühen, für eine Lösung, etwa einen durchgreifenden Anspruch, einen „Aufhänger" in einer gesetzlichen Vorschrift zu finden. Wir wissen, daß und warum dies grundsätzlich notwendig ist, aber wir kennen auch genügend Beispiele dafür, daß nicht durchweg die für einen Anspruch herangezogenen Gesetzesvorschriften und Rechtsinstitute das aussagen und enthalten, was im entschiedenen Fall die Waage zur einen oder anderen Seite hin sich hat neigen lassen. Für das hier geübte Verfahren wird nicht selten das Rechtssicherheitsstreben angeführt, das

---

27 *Wiesen*, Diskussionsbeitrag in: Zukunftsfragen einer verbesserten Rechtsgewährung, herausgegeben vom Justizminister des Landes Nordrhein-Westfalen, 1985, S. 34 f.

eine Berechenbarkeit der aus bekannten Anspruchsgrundlagen abge-
leiteten Rechte und Pflichten erfordere. Man muß dafür Verständnis
haben, mag auch oft das Streben, Rechtsinstitute, namentlich bestimmte Gestaltungs- und Verteidigungsmöglichkeiten, aus ihrem
Kontext zu lösen, fast übermächtig sein.

b) Ein Beispiel: Ein junger Mann, der vor kurzem aufgrund ord-
nungsgemäß erteilter Ausreisegenehmigung aus der DDR nach
Westdeutschland umgesiedelt war und sich hier noch sehr allein fühlte, hatte in einer Illustrierten ein Angebot auf Herstellung eines „Part-
nerschaftsprofils" gelesen, hatte darauf geantwortet und sodann den
Besuch eines Mitarbeiters dieser Firma erhalten, der mit ihm einen
Formularvertrag auf Ratenzahlungsbasis schloß. Aufgrund der – wie
er fand – völligen Unbrauchbarkeit des ersten Erfüllungsversuchs
seines Vertragspartners wollte er nun vom Vertrag zurücktreten, und
ein Informationsblatt der Bundesregierung, das ihm bei seiner Über-
siedlung nach Westdeutschland ausgehändigt worden war, wies ihn
auf das Widerrufsrecht bei Abzahlungsgeschäften hin. Hier setzt nun
der juristische Zweifel ein: das Widerrufsrecht nach § 1b AbzG
knüpft an das Vorliegen eines Kaufvertrages an; das Unternehmen
hatte den Vertrag aber ausdrücklich als Werkvertrag bezeichnet, für
den das AbzG nicht gelte und der auch nicht zu einem dem Kauf
vergleichbaren wirtschaftlichen Ergebnis führe, so daß auch § 6
AbzG nicht eingreife. Die Gerichte tun sich mit diesen Verträgen
über „Partnerschaftsservice", die an die Stelle des wegen § 656 BGB
wirtschaftlich nicht attraktiven Ehemaklervertrages treten, recht
schwer. Das OLG Bamberg folgt der Qualifizierung als Werkvertrag, folgert dann aber entgegen § 649 BGB aus der Werbung, die
einen (noch) kostenlosen Erstvorschlag verspricht, das Recht des
Kunden, den Werkvertrag ohne jede Vergütungspflicht zu kündigen.
Dies wird – undurchschaubar – damit begründet, der für den ersten
Vorschlag gemachte Aufwand sei nicht größer als der für die Bereit-
stellung der vorgesehenen 25 Partnervorschläge; daher könne der
Kunde mangels Vollendung der (vergütungspflichtigen) Werkleistung oder trotz Vollendung der kostenlosen Werkleistung nach

§ 649 BGB kündigen[28]. Solche logischen Fehlleistungen unterlaufen einem Obergericht nicht oft, und man kann vermuten, daß es dem Gericht darum ging, irgendeine Begründung für die als allein gerecht empfundene Klageabweisung zu finden. Das LG Rottweil, mit einem ähnlichen Fall offenbar desselben Unternehmens befaßt, wendete auf den Werkvertrag die auf den Dienstvertrag gemünzte Kündigungsmöglichkeit nach § 627 BGB an und fügte hinzu, damit bestehe für die analoge Anwendung der Vorschriften des AbzG kein Bedürfnis. Der Kunde brauchte somit nur eine Teilvergütung zu bezahlen[29]. In der Tat sollte von der in derartigen Gestaltungen schwierigen Abgrenzung zwischen Kauf-, Dienst- und Werkvertrag die Entscheidung nicht abhängen, eher schon davon, ob nicht in Wahrheit doch ein Ehemaklervertrag vorlag. Der Fall zeigt aber die Schwierigkeit, Einzelfallgerechtigkeit und Rechtssicherheit miteinander in Einklang zu bringen, und damit eines der Hindernisse, das schließlich ergehende Urteil in einer Weise zu begründen, die dem unterlegenen Teil jedenfalls Verständnis, wenn nicht Einsicht abnötigt: Man muß entweder dartun, daß die ratio des § 627 BGB oder eben doch des § 1 b AbzG auf derartige „Werkverträge" zutrifft, oder es muß deutlich zum Ausdruck gebracht werden, daß die Unverbindlichkeit des von einem erwachsenen Menschen gegebenen Worts auf enge Ausnahmen beschränkt bleiben muß.

Dahinter steht das m. E. entscheidende allgemeine Problem. Die Intensität der Bindung der Rechtsanwender an den Buchstaben des Gesetzes, hier das Vorliegen eines Kaufs oder Dienstvertrages, ist für den Nichtjuristen eines der Geheimnisse, das er nicht durchschauen

---

28 NJW 1984, 1466; in der Anmerkung von *Hahn*, aaO. S. 1468 wird gerügt, daß nach der Argumentation des Urteils gleichzeitig und nebeneinander ein und dieselbe Werkleistung einmal gegen Entgelt und ein anderes Mal ohne Entgelt versprochen worden wäre.

29 LG Rottweil, NJW 1983, 2824; zum Problemkreis näher *Gilles*, Partnerschaftsservice statt Ehemakelei, NJW 1983, 361.

kann und dessen Besitz in Händen der Juristen fast unbegrenzte Manipulationsmöglichkeiten zu vermitteln scheint. Das läßt sich leicht auch an anderen bekannten Beispielen nachweisen: Wenn in der Benutzungsordnung einer öffentlichen Badeanstalt Frauen das Tragen einer Badekappe vorgeschrieben wurde, so war „Frau" i. S. dieser Bestimmung auch der langhaarige Mann. In einem von mir erfundenen und später veröffentlichten Übungsfall[30] war ein von einem Kind aus wohlerwogenen Gründen als weiblich gekauftes Meerschwein, das sich als männlich erwies und sich gegenüber der vorhandenen Schweinchendame dementsprechend benahm, trotz dieser Vorzüge doch nur ein i. S. des § 459 BGB fehlerhaftes weibliches Meerschwein. Man sieht, daß die Juristen sich gezwungen sehen, selbst an die kleinen, aber wichtigen Unterscheidungen der Natur mit einer Rationalität heranzugehen, die anderen etwas gewaltsam, uns aber logisch und schlüssig erscheint[31]. Wir sollten freilich nicht leugnen – und an dieser Stelle beginnt die Gefahr, sich durch Manipulationsverdacht unbeliebt zu machen –, daß auch an solchen Argumentationen die vom Rechtsempfinden diktierten Ergebnisvorstellungen mitgewirkt haben. Daher müssen sie stärker, als es in deutschen Urteilen (amerikanische und englische Richter verfahren oft anders) bisweilen geschieht, offengelegt werden. Das impliziert allerdings ein offenes Räsonieren über mögliche Weiterungen eines Urteils oder – dies gilt besonders für höchstrichterliche Entscheidungen – seiner Begründung. Auch hierzu nun ein Beispiel.

---

30 *H. P. Westermann/Baltes,* Der praktische Fall – Bürgerliches Recht: Ein Meerschwein bleibt selten allein, JuS 1983, 691.
31 Dementsprechend sind „Juristen" im Sinne meines Themas auch die Juristinnen.

Vor kurzem hatte der BGH[32] über die Klage eines Aktionärs einer Hamburger Aktiengesellschaft zu entscheiden, der sich gegen die Ausgliederung eines Teilbetriebs wandte, den die Gesellschaft bis dahin in eigener Regie betrieben hatte, den sie aber hinfort als selbständige Tochtergesellschaft führen wollte. Die Aktionäre hatten diesen lukrativen Teilbetrieb gern gesehen, weil das Hauptgeschäft wenig Ertrag abwarf und häufiger mit Opfern an Gewinnerwartungen finanziert worden war. Die Gesellschaft hatte, um Muttergesellschaft werden zu können, ihre Satzung dahin geändert, daß sie ihre Zwecke auch im Rahmen einer Unternehmensgruppe verfolgen konnte; dem hatte der klagende Aktionär nachweislich zugestimmt. Jetzt aber war er mit der Ausgliederung des ertragreichen Teils nicht einverstanden, weil hiermit die Entscheidungen in der Hauptversammlung der rechtlich selbständigen Tochtergesellschaft reine Angelegenheiten der Geschäftsführung der Muttergesellschaft wurden, die nach der zwingenden Machtverteilung in der AG allein dem Vorstand obliegen. Obwohl die Hauptversammlung bekanntlich in Geschäftsführungsangelegenheiten nicht eingeschaltet ist und im übrigen abschließend beschriebene Zuständigkeiten hat, können auf diese Weise die bestehenden Kompetenzen abgeschwächt werden. Somit liegt es nahe, daß die Aktionäre der (künftigen) Konzern-Obergesellschaft bei der Konzernbildung gefragt werden wollen, und man kann in etwa verstehen, daß der BGH dem Kläger helfen

---

32 „Holzmüller"-Urteil BGHZ 83, 122; dazu *Martens,* Die Entscheidungsautonomie des Vorstands und die „Basisdemokratie" in der Aktiengesellschaft, ZHR 147 (1983), 377; *Werner,* Zuständigkeitsverlagerungen in der Aktiengesellschaft durch Richterrecht?, ZHR 147 (1983), 429 ff.; *Beusch,* Die Aktiengesellschaft – Eine Kommanditgesellschaft in der Gestalt einer juristischen Person?, Festschr. für Werner (1984), S. 1 ff.; *H. P. Westermann,* Organzuständigkeit bei Bildung, Erweiterung und Umorganisation des Konzerns, ZGR 1984, 352 ff.; *Heinsius,* Organzuständigkeit bei Bildung, Erweiterung und Umorganisation des Konzerns, ZGR 1984, 383 ff.; *Lutter,* Organzuständigkeit im Konzern, Festschr. für Stimpel (1985), S. 825 ff.

wollte. Wie in der auf das Urteil folgenden Diskussion festgestellt wurde[33], hätte dies geschehen können, indem man § 361 AktG in einer bei der Auslegung der §§ 419 und 1365 BGB vorgebildeten Weise ausdehnend angewendet und angenommen hätte, bei derartigen Entscheidungen, die praktisch auf eine Übertragung des ganzen Gesellschaftsvermögens hinauslaufen, sei nach dieser Vorschrift die Zustimmung der Hauptversammlung erforderlich. Das hätte freilich zur Folge gehabt, daß die ohne die erforderliche Mitwirkung der Hauptversammlung beschlossene und durchgeführte Maßnahme – immerhin nichts geringeres als die Gründung einer selbständigen Gesellschaft und die Übertragung eines bedeutenden Betriebs auf sie – als nichtig hätte rückgängig gemacht werden müssen. Wir alle wissen, wie unbeliebt sich die Juristen durch die gelegentlich unumgängliche Rückabwicklung von tatsächlich durchgeführten Vorgängen machen, ganz abgesehen von der effektiven Schwierigkeit, eine Person, die man in die Welt gesetzt hat, von hier folgenlos wieder verschwinden zu lassen. Also kam dieser Lösungsweg praktisch nicht in Frage.

In dieser Situation verfiel nun der BGH darauf, die wenig beachtete Vorschrift des § 119 II AktG, nach der die Hauptversammlung über eine Maßnahme der Geschäftsführung nur entscheiden kann, wenn der Vorstand es verlangt, in eine Vorlagepflicht des Vorstands bei außergewöhnlich wichtigen Geschäftsführungsangelegenheiten umzufunktionieren. Die Bestimmung dient an sich dazu, dem Vorstand, der ein möglicherweise zweifelhaftes Geschäft plant, durch die vorherige Vorlage bei der Hauptversammlung deren Rückendeckung gegenüber späteren Vorwürfen bei einem Scheitern zu verschaffen, nicht aber soll sie die Aktionäre generell zur Oberinstanz der Entscheidungen des Managements in Geschäftsführungsangelegenheiten machen. Dennoch griff der BGH zu dieser Bestimmung und verpflichtete den Vorstand zur Vorlage besonders wichtiger Ent-

---

33 Siehe den Diskussionsbericht von *Rellermeyer*, ZGR 1984, 412, 415.

scheidungen an die Hauptversammlung, übrigens ohne ausdrückliche Beschränkung auf Vorgänge der Konzernbildung.

Der BGH hat sich durch dieses Urteil, um im Thema zu bleiben, bei der Praxis sehr unbeliebt gemacht[34]. Es führt im konkreten Fall dazu, daß die Hauptversammlung der Muttergesellschaft, die ja entgegen dem neuen Verständnis des § 119 II AktG nicht gefragt worden war, zum Ausgleich nunmehr als eine Art mittelbarer Hauptversammlung der Tochtergesellschaft über die Fragen zu entscheiden haben wird, die dort nach dem AktG die Hauptversammlung angehen, wie etwa Kapitalerhöhungen oder der Ausschluß des Bezugsrechts der Aktionäre. Das ist als praktisches Ergebnis schon schwer vorstellbar. Wesentlich schwerer wiegt aber die allgemeine Notwendigkeit, in Zukunft auch außerhalb von Konzernierungsentscheidungen bei besonders wichtigen Maßnahmen die Hauptversammlung einzuschalten. Man überlegt allenthalben, wo diese Vorlagepflicht beginnt und wo sie endet.

Bedenkt man, daß die Hauptversammlung einer Publikums-AG Millionen kosten kann und daß zu ihr in aller Regel keineswegs „das Publikum", sondern nur die Vertreter der Aktionäre, also Banken und Aktionärsvereinigungen, erscheinen, so bringt eine permanent tagende Hauptversammlung wenig Zuwachs an innergesellschaftlicher Demokratie und Aktionärsschutz, aber eine bedeutende Kostensteigerung.

Dies ist durch den Versuch verursacht, die im Ergebnis für notwendig gehaltene Verstärkung der Rechte der Aktionäre in einer als Konzernspitze fungierenden Aktiengesellschaft im geschriebenen Gesetz zu verankern. § 119 II AktG in der rechtsfortbildend gefundenen Interpretation des BGH läßt sich wesentlich schwerer unter Kontrolle halten als wahrscheinlich § 361 AktG (schließlich sind wir auch mit den Folgen der erweiternden Auslegung der §§ 419 oder 1365 BGB leidlich fertig geworden), nur daß die Regelung des § 361 AktG unpraktikable Folgen nach sich zieht. Bevor man, was nicht

---

34 Dazu in erster Linie *Beusch*, aaO. (Fn. 31); *Heinsius*, aaO. (Fn. 31).

schwer ist, den BGH wegen dieses Urteils kritisiert, muß man allerdings bedenken, daß sein Ziel, den Aktionärsschutz in der Obergesellschaft zu stärken, etwas anderes ist als der Weg, auf dem er dorthin gelangt, und dies wieder etwas anderes als die Folgen der konstruktiven Einkleidung der von ihm gefundenen Vorlagepflicht. Daß das Urteil Irritationen ausgelöst hat, liegt nach meinem Eindruck von der Diskussion daran, daß es zu wenig geprüft hat, wohin seine Begründungsansätze führen, und daß es nicht deutlich macht, ob es nicht vielleicht nur einen ausgesprochenen Sonderfall unter die allgemein formulierte und grundstürzende Sinnwandlung des § 119 II AktG bringen wollte. Ich erwähne in diesem Zusammenhang am Rande die Sensation, die darin steckt, daß an dieser Stelle gleichsam nebenbei die gelegentlich geforderte Einzelklagebefugnis des Aktionärs aus der Taufe gehoben wurde[35]. Die Beliebtheit der an einem solchen Urteil beteiligten Juristen wächst auch nicht dadurch, daß sie in Urteilsanmerkungen, deren Verhältnis zu den veröffentlichten Gründen eine eigene Betrachtung lohnen würde, sowohl den Einzelfallcharakter als auch die grundsätzlichen Perspektiven der Entscheidung betonen. Eine Auseinandersetzung mit den Gestaltungswünschen des Richters und den Folgen des Urteils paßt zumindest bei höchstrichterlichen Sprüchen in das Urteil selbst und nicht erst in die anschließende wissenschaftliche Debatte.

Hiermit sind übrigens auch die Anwälte angesprochen. In der Diskussion um praktisch umwälzende Urteile hört man häufig, auf die organisatorischen Folgen sei das Gericht nicht angesprochen worden. Manchmal mag man finden, auf derartige Probleme hätte es selbst kommen können, doch müssen, gerade wenn befriedigende Rechtsfindung möglich sein soll, diejenigen Juristen, die regelmäßig oder gelegentlich in der Parteiberatung im Vorfeld von Rechtsstreitigkeiten tätig sind, beachten, daß die Diskussion von Prämissen und Folgen rechtsdogmatischer Entscheidungen konsequenterweise in

---

35 Zu diesem Aspekt besonders *Großfeld/Brondics*, Die Aktionärsklage – nun auch im deutschen Recht, JZ 1982, 589.

das Rechtsgespräch zwischen Gericht und Parteien gehört. Wenn einmal das Gericht seinen Rechtsstandpunkt andeutet, ist eine solche Folgendiskussion möglich.

2. Die Umgangsformen des Rechts

Ich komme zu einem zweiten Punkt, der nach meinen Erfahrungen den Umgang des Juristen mit den Beteiligten aktueller oder auch künftiger Rechtsstreitigkeiten häufig bedeutend erschwert. Gemeint ist etwas, das vielfach als „Formalismus" oder formal-verfahrensmäßige Denkweise bezeichnet wird und das man bei abstrakt-genereller Betrachtung als Einengung des Gestaltungsspielraums durch Formvorschriften und durch die Beschränkung der rechtlichen Anerkennungsfähigkeit auf ganz bestimmte Formen rechtsgeschäftlicher Gestaltung kennzeichnen kann.

Um wieder mit einem Beispiel aus der großen Literatur zu beginnen: In Hugo von Hofmannsthals „Rosenkavalier", eindrucksvoll vertont von Richard Strauß, unterhält sich der ziemlich primitive adlige Mitgiftjäger Baron Ochs auf Lerchenau mit dem „Notari" der Feldmarschallin Fürstin Werdenberg, der, wie es sich damals noch gehörte, vor deren Lever in der Antichambre auf eventuelle Aufträge gewartet hatte. Der Baron will sich von seinem künftigen Schwiegervater im Zuge des Ehevertrages noch neben der Mitgift eine „Morgengabe" ausbedingen, nämlich, daß Schloß und Herrschaft Gaunersdorf an ihn zurückkehren, „von Lasten frei und ungemindert an Privilegien, so wie mein Vater selig sie besessen hat". Der Notar antwortet in einem Ton, der von den modernen Notaren zum Nachteil ihrer Beliebtheit vergessen worden zu sein scheint: „Gestatten hochfreiherrliche Gnaden die submisseste Belehrung, daß eine Morgengabe wohl vom Gatten an die Gattin, nicht aber von der Gattin an den Gatten bestellet oder stipuliert zu werden fähig ist." Das ist eine klare Beschreibung des numerus clausus und des Typenzwangs der gesetzlichen Handlungsformen, wie er nach dem Willen des Gesetz-

gebers etwa auch unser Sachenrecht oder die Ehevertragstypen be-
herrschen sollte. Das Gespräch geht sehr bezeichnend weiter. Der
Baron: „Das mag wohl sein." Darauf der Notar in begreiflichem Juri-
stenstolz auf die Sicherheit seines Wissens: „Dem ist so." Auf den
nicht untypischen Einwand des Barons: „Aber im besonderen
Fall..." bleibt er hart: „Die Formen und die Präskriptionen kennen
keinen Unterschied." Darauf erfolgt mit einem forte-Schlag im
Orchester der Aufschrei des vermeintlich Privilegierten: „Haben ihn
aber zu kennen!" – das heißt mit den Worten, die ich vorhin
gebraucht habe, und in der friderizianischen Anredeform: „Nun
manipuliere er gefälligst in meinem Sinne!"

Dieser Jurist hatte sich unbeliebt gemacht, wenn er sich auch, da
bekanntlich die Ehe nicht zustande kam, mit seiner Meinung letztlich
nicht mehr durchzusetzen brauchte. Auf die Aspekte, die diese
Geschichte aus der Sicht der Kautelarjurisprudenz enthält[36], komme
ich noch zurück; an dieser Stelle ist mir der Hinweis wichtig, daß die
Juristen ihr Handwerkszeug vom Gesetzgeber erhalten und mit dem
an Aktstypen und Handlungsformen umgehen müssen, was ihnen
zur Verfügung gestellt wird. Man weiß, um die Szene zu wechseln,
daß es deswegen so gut wie unmöglich ist, Ausschließlichkeitsbin-

---

36 Er erscheint angebracht, darauf hinzuweisen, daß der bürgerlichrechtliche
Gehalt der Operntexte noch gänzlich unaufbereitet ist, was zu bedauern ist,
weil hierbei ein international verbreitetes Gedankengut vorliegt. Im Straf-
recht sieht es ein wenig besser aus, nachdem immerhin v. *Pidde* eine straf-
rechtliche Würdigung des Handelns der Hauptpersonen in Richard Wag-
ners „Ring des Nibelungen" vorgelegt hat. Als zivilrechtliche Betrachtung
ist insofern bisher nur auf die allerdings tiefschürfende Abhandlung *Wiesers*
(Festschr. für Stein [1983], S. 383 ff.) hinzuweisen, die untersucht, wer
Eigentümer des genannten Rings war und welche Aspekte der Eigentums-
erwerb auslöst. Für den Fall, daß er seine Verpflichtungen aus laufenden
Verlagsverträgen je erfüllt haben sollte, plant der Verfasser, zur Hebung der
hier verborgenen Schätze ein Forschungssemester mit seiner Schallplatten-
sammlung zu verbringen und einige Forschungsreisen an bekannte Opern-
häuser (Wien, Mailand, London, Paris, Hamburg, Glyndebourne, Zürich,
Salzburg, New York, Bayreuth) zu absolvieren.

dungen gegenüber einer Brauerei oder einer Mineralölgesellschaft durch Dienstbarkeiten zu sichern, und wir bleiben dabei, daß ein nicht verheiratetes Paar kein gemeinschaftliches Testament i. S. von § 2265 BGB errichten kann, mag es sich auch noch so eheähnlich vorkommen. Es war also dem Juristen in meinem Ausgangsbeispiel nicht vorzuwerfen, daß er einen „besonderen Fall" nicht anerkennen wollte, wenn er sich nicht der Gefahr aussetzen wollte, später wegen Unwirksamkeit des von ihm aufgesetzten Vertrages erst recht unbeliebt zu werden. Hier zeigt sich, wie schon einleitend erwähnt, daß es dem Juristen, der seine Aufgabe ernst nimmt, verwehrt sein kann, sich um Beliebtheit oder Unbeliebtheit zu kümmern. Das bezieht sich nur auf den ersten Blick allein auf die Juristen, die vertragsgestaltend und nicht streitentscheidend arbeiten. Der Richter, der sich dazu entschließt, mit Hilfe des Gebots von Treu und Glauben im Einzelfall Form- und Fristvorschriften zu überwinden, müßte dies eigentlich immer mit einem schlechten Gewissen tun, weil er bewußte gesetzgeberische Wertentscheidungen hintanstellt und im Extremfall den Vorwurf gewärtigen muß, um seiner Beliebtheit im Einzelfall willen die Bindung an die Strenge des Gesetzes vernachlässigt zu haben.

Man könnte versucht sein, an dieser Stelle die Beliebtheit des Juristen mit seinem Streben nach Einzelfallgerechtigkeit in Beziehung zu setzen, das dann als weiterer wünschenswerter Zug neben die vorhin erörterte Offenlegung von Prämissen und Wertungen der Urteilssprüche zu treten hätte. Das ist aber m. E. nur insofern richtig, als strikte Beachtung von Formen und Fristen zweifellos zu den Ursachen der Unbeliebtheit der Juristen gehört. Im übrigen ist die allenfalls zu erreichende Beliebtheit nämlich zu einseitig gesehen, und zwar aus der Sicht dessen, der Formen, Fristen und Regeln nicht kennt oder sie vernachlässigt hat, während die andere Partei, soweit sie nicht direkt Rechtsmißbrauch betreibt, eigentlich den Gesetzgeber auf ihrer Seite hat. Voll durchgesetzt haben sich daher Gestaltungsformen, die vom Gesetz und seinen nachvollziehbaren Motiven nicht gedeckt sind, stets nur dort, wo unabweisbare Bedürfnisse beider Parteien, möglicherweise auch wirtschaftspolitische Notwendigkeiten nach Anerkennung riefen. Ich weise hier auf unser Kreditsicherungsrecht hin, das in Gestalt zumindest der Sicherungsübereignung, aber auch des verlängerten Eigentumsvorbehalts offenbaren Bedürfnissen der Wirtschaftspraxis nachgekommen ist. Ein anderes Beispiel ist das Verfassungsrecht, das dem Wunsch einer gesicherten Parlamentsmehrheit und ihres in die Opposition gedrängten Gegners nachgab, nach einer Parlamentsauflösung die Wähler zu einem Plebiszit über die eingetretene politische Wende aufzurufen. Übrigens werden die Juristen durch derartige Nachgiebigkeit nicht eben beliebter: Der letztgenannten Entscheidung steht der Umgehungsverdacht auf die Stirn geschrieben, und im erstgenannten Bereich des Kreditsicherungsrechts, den man ja auch als eine grandiose Ansammlung von Umgehungsmanövern und Verletzungen des sachenrechtlichen Bestimmtheitsgrundsatzes bezeichnen könnte[37], haben sich die Juristen in einer derartigen Weise ans juristische und intellektuelle Hochreck begeben müssen, daß man um der Berechenbarkeit der Ergebnisse willen manchmal wünscht, wir wären stärker bei den gesetzlich zugelassenen Formen geblieben. Man sieht also: Für einen von seinem Auftrag her unbeliebten Stand läßt sich Beliebtheit durch Verzicht auf die sein Tun beherrschenden Gesetzmäßigkeiten nur sehr begrenzt erkaufen.

3. Wirtschaftliche, gesellschaftspolitische, allgemein-politische Wertvorstellungen

Ein dritter, vielleicht der wichtigste Punkt: Wer entscheiden soll, muß meistens auch Flagge zeigen. Das gilt in mehrfacher Hinsicht. Zum einen ist der Richter gezwungen, Werturteile über menschliches Verhalten auszusprechen, eindeutig im Strafurteil, nicht

---

37 Lesenswert dazu *Schwerdtner*, NJW 1974, 1785.

weniger im Urteil über die Abberufung eines geschäftsführenden Gesellschafters aus seiner Stellung oder über die Ausschließung eines sogen. lästigen Gesellschafters aus der Gesellschaft. Hier besteht die Unannehmlichkeit, ein abwertendes Urteil verständlich zu machen und dies nicht als Ausfluß persönlicher Abneigung oder Sympathie erscheinen zu lassen[38]. Stärker zu betonen ist noch die nicht seltene Notwendigkeit, die etwa den Haftpflichtprozeß beeinflußt, die vom Recht gegebenen Verhaltensmaßstäbe mit denjenigen anderer Disziplinen, am deutlichsten sichtbar im Hinblick auf die der Medizin, in Einklang zu bringen. Wie viele wissen werden, hat es nun gerade in letzterer Hinsicht inzwischen auch in der Juristerei einen Schulenstreit unter den Kennern des medical law gegeben, von dem ich nicht sicher bin, ob die gegenseitige Unbeliebtheit der Vertreter der verschiedenen rechtswissenschaftlichen Richtungen hinter der Abneigung der Mediziner gegen juristische Denkweise nennenswert zurückbleibt. Dies ist ein untrüglicher Hinweis darauf, daß hier die Juristen unsicher sind, ob sie mit ihren Maßstäben von Vorhersehbarkeit und Vorsorge für den Nicht-Regelfall, vor allem mit ihren Anforderungen an die Aufklärung des Patienten, die mittlerweile fast an die Stelle der Sorgfaltspflichten bei der eigentlichen Heilbehandlung zu treten droht[39], die Praxis der anderen Disziplinen nicht über-

---

38 Hier ist daran zu erinnern, daß der Wunsch, nicht weiterhin „schmutzige Wäsche waschen" zu müssen, zu den wichtigsten Triebkräften der Reform des Scheidungsrechts im Jahr 1976 gehört hat.

39 Nach höchstrichterlicher Rechtsprechung besteht die Pflicht zur Aufklärung über die Schwere des Eingriffs und die spezifisch damit verbundenen Gefahren auch bei äußerst seltenen Risiken bei weitgehender Beweislast des Arztes, BGH, NJW 1984, 1397 u. 1807. Zu der kontroversen Diskussion über die Arzthaftungsfragen siehe *Laufs*, Die Entwicklung des Arztrechts 1984/1985, NJW 1985, 1361 und im besonderen etwa *Deutsch*, Medizinische Fahrlässigkeiten, NJW 1976, 2289; dagegen *Giesen*, Wandlungen des Arzthaftungsrechts, 2. Aufl. 1984, S. 13 ff.

fordern. Dies hat natürlich auch Bezug auf das Problem der Unbeliebtheit der Juristen, läßt sich aber im Grundsatz nicht ausräumen, da der Jurist nun einmal nicht anders kann als nach seinen Maßstäben zu entscheiden[40], und nur versuchen muß, die aktuelle Situation, in der sich jemand – etwa ein Chirurg während einer Operation – befunden hat, bei seiner Entscheidung über Kausalität und Verschulden gebührend zu berücksichtigen. Dabei ist übrigens, solange es materiellrechtlich noch auf echtes Verschulden ankommt (nicht also in den zunehmend wichtigen Fällen der negligence without fault oder der probatio diabolica), besonders zu bedenken, daß der Jurist im nachhinein unter sorgfältiger Abwägung aller Umstände und meist ohne Zeitdruck entscheiden kann; daß die Gegebenheiten akuter Entschlüsse – am sinnfälligsten im Arzthaftungsrecht, aber z. B. auch bei der Gewährung von Sanierungskrediten durch eine Hausbank – nicht genügend gewürdigt werden, gehört zu den häufigsten Vorwürfen an die Adresse der Juristen.

Wenn es heißt, daß der zur Entscheidung aufgerufene Jurist oft nicht umhin könne, Flagge zu zeigen, so war damit in erster Linie die Notwendigkeit gemeint, im Rahmen von Urteilen, die über grundsätzliche gesellschafts- und wirtschaftspolitische Konflikte entscheiden, einen eigenen juristischen Weg zu suchen, ohne so zu tun, als spielten die bezeichneten Konflikte in der Entscheidung keine Rolle. Vor einigen Monaten hielt in Berlin der oberste Arbeitsrichter Deutschlands einen Vortrag über die Arbeitsgerichte zwischen Recht und Politik. Er legte großen Wert auf die Feststellung, auch in politisch hoch brisanten Streitigkeiten werde von den Gerichten niemals Politik gemacht, sondern nur Recht angewendet oder allenfalls fortgebildet. Auch ohne Arbeitsrechtler zu sein, erlaube ich mir, dem zu

---

40 Dazu auch *Wengler,* aaO. (Fn. 2) S. 1706.

widersprechen[41]. Die Handlungsunfähigkeit des Gesetzgebers wird nirgends deutlicher als im Arbeitsrecht, nicht nur im Arbeitskampfrecht, sondern auch in großen Teilen des Individual-Arbeitsrechts. Unter solchen Umständen kann m. E. nicht bestritten werden – und ist den Richtern auch gar nicht vorzuwerfen –, daß sie die politischen Entscheidungen treffen, gestern über die Friedenspflicht der Tarifvertragsparteien oder die Aussperrung, heute über die Neutralität der staatlichen Arbeitsverwaltung, morgen vielleicht über die „neue Beweglichkeit". Um es wiederum in den Worten meines Themas zu sagen: hier kann der Jurist vermutlich nicht anders, als sich bei der einen oder anderen Seite oder bei beiden – gerade das BAG bietet hierfür derzeit manche Beispiele – unbeliebt zu machen, dies, obwohl ihm gerade in diesem politiknahen Bereich ständig neue Aufgaben übertragen werden. Und doch sollte man sich mit dieser resignierenden Einsicht nicht zufriedengeben. Wenn der Gesetzgeber entscheidet, erst recht dann, wenn er sich nicht entscheiden kann, müssen nun einmal die Juristen, die in einem konkreten Rechtsstreit einem Urteil nicht ausweichen können, den Versuch machen, ihre soweit wie möglich durch Gesetze determinierten, manchmal schon nur aus Generalklauseln und unbestimmten Rechtsbegriffen abzuleitenden und im letzten eben doch nicht mehr genuin juristischen Kriterien zu nachvollziehbaren Argumentationen zu verdichten.

---

41 Die vielfaches Ärgernis erregende, soeben in 2. Aufl. (1985) erschienene Schrift von *Meilicke* über das BAG als selbsternannten Gesetzgeber behauptet demgegenüber in einem durch z. T. reine Polemik überfrachteten Rundumschlag, das BAG betreibe eine bewußte (gegen die Arbeitgeber gerichtete) Klassenjustiz, S. 104. So unberechtigt grob undifferenzierte Vorwürfe sind, so fehlt es doch in diesem Zusammenhang oftmals an offenen Worten (siehe immerhin *Adomeit*, Über einige Schwierigkeiten, ein Arbeitsrechtler zu sein, Festschrift für Hilger und Stumpf [1983], S. 1 ff.).

Ein Beispiel hierfür ist nach meiner Überzeugung die höchstrichterliche Rechtsprechung zur Kollisionsproblematik im Kreditsicherungsrecht[42]. Es handelt sich um das Zusammentreffen zwischen
Globalzession (meist der Banken) und verlängertem Eigentumsvor-
behalt (i. d. R. eines Warenlieferanten, nicht selten allerdings auch
eines Kreditinstituts, das sich die Rechte hat abtreten lassen, weil es
den Herstellungsakt finanziert hat). Bekanntlich wendet die Rechtsprechung auf diese Kollision nach wie vor die sogen. Vertragsbruch-
lehre an, die besagt, daß der Schuldner, der eine Forderung im voraus global an seine Bank abgetreten hat, zum Betrug gegenüber
einem Vorbehaltslieferanten gezwungen werde, wenn er diesem im
Rahmen eines verlängerten Eigentumsvorbehalts eine nochmalige
Zession und damit nach dem insoweit geltenden Prioritätsgrundsatz
keine gültige Sicherheit einräumt. Was hier durch die Rechtsprechung geleistet werden muß und was der allenfalls als rechtslogisch
zu bezeichnende Prioritätsgrundsatz nicht leistet, wird im Zuge einer
Anwendung der Generalklausel des § 138 BGB erreicht, nämlich eine
weitgehende Vorrangigkeit des Lieferantenkredits vor dem Geldkre-
dit. Dahinter stehen klare rechtspolitische Wertungen nebst der aus
der Alltagserfahrung gewonnenen Annahme, Banken könnten sich
gegen die Folgen einer solchen Kollisionsentscheidung besser wehren als Lieferanten eines in Schwierigkeiten befindlichen Unternehmens, weil sie i. d. R. besser organisiert und wirtschaftlich stärker
seien. Daraus werden dann – auch das ein typischer Juristenkniff, da
unsere Gerichte sich das Pflichtenerfindungsrecht genommen haben
– Rücksichtnahmepflichten der Geldkreditgeber hinsichtlich der
Warenkreditgeber abgeleitet. Man braucht in diesem Zusammenhang nur noch die Urteile des BGH zur Sittenwidrigkeit der sogen.

---

42 Zum folgenden die methodischen Bemerkungen bei *H. Westermann*, Inter-
essenkollisionen und ihre richterliche Wertung bei den Sicherungsrechten
an Fahrnis und Forderungen, 1954; zum heutigen Stand *Weber*, Sicherungs-
geschäfte, 3. Aufl. 1986, S. 92 ff., 132 ff.

schuldrechtlichen Teilverzichtsklausel zu lesen, in denen darüber räsoniert wird, daß diese Verabredungen in unzumutbarer Weise dem Lieferanten das Risiko eines Konkurses der Bank aufbürdeten[43], um einen Eindruck davon zu gewinnen, daß hier ein wirtschaftspolitisches Vorverständnis, um es vorsichtig zu sagen, einer etwas vordergründig-hausgemachten Art am Werk ist. Im Versuch Essers, an dieser Stelle einen „ordre public économique" zu entwickeln, der heute in manchen Anwendungsformen des § 826 BGB wiederkehrt[44], werden diese Aspekte auf einem höheren Niveau deutlich sichtbar.

Den Einflüssen wirtschaftspolitischer Ansichten oder allgemeinpolitischer Überzeugungen kann sich der Jurist, der schließlich nicht nur Einzelfälle entscheidet, sondern dahinter typische Gruppenkonflikte sieht, gar nicht entziehen. Hier wurde bereits auf die Risiken hingewiesen, die darin liegen, Einzelentscheidungen im Sinne eines Dienstes an der Allgemeinheit treffen zu wollen, demzufolge an das Handeln einzelner selbstverständlich auf ihren Vorteil oder ihr Überleben bedachter Wirtschaftssubjekte Kriterien der Gemeinverträglichkeit anzulegen. Gerade an dieser Stelle habe ich den Eindruck, daß unsere höchstrichterliche Rechtsprechung im Bestreben, mit der Zeit zu gehen, also im Sinne meines Themas nicht unbeliebt zu werden, den betroffenen Wirtschaftskreisen manchmal zuviel zumutet. Man könnte dies noch ergänzen durch einen Überblick über die gegenwärtige Behandlung kapitalersetzender Sanierungsdarlehen, die Banken an notleidende Unternehmen geben oder bisweilen

---

43 BGHZ 72, 308.
44 *Esser*, ZHR 135, 323 ff.; zu § 826 näher Münch. Komm.-*Mertens*, 2. Aufl. 1985, § 826 Rdnr. 145 ff.

aufgrund politischer Zwänge geben müssen[45]. Auch ohne eine genauere Darlegung mag aber die Behauptung gewagt werden, daß die Juristen, die sich auf ein derartiges Terrain begeben, besonders die Gefahr der Einäugigkeit beachten müssen, die daraus folgt, daß ihnen im Gegensatz zu einem parlamentarischen Gesetzgebungsprozeß das Korrektiv der politischen Opposition und der Einwirkung verbandsmäßigen Sachverstandes – um nicht zu sagen: der Lobby – auf ihre Entscheidungen fehlt.

Alles dies wird zu einem Ärgernis erst dann, wenn Richter sich deutlich, wenn auch nicht immer offen, zum Sachwalter bestimmter Gruppenbelange machen, also von Verbrauchern, Arbeitnehmern, Mietern, ungesicherten Konkursgläubigern u. a. m. Hierbei wird oft zu Unrecht unterstellt, daß man einzelne gesetzliche Vorschriften ohne weiteres als Unterstützung der rechtlichen Belange abgrenzbarer Gruppen ansehen kann; das macht etwa die Verwirklichung von Verbraucherschutz durch Privatrecht so schwierig. Im übrigen ist es natürlich nicht zu bestreiten, daß einzelne gesetzliche Vorschriften Einäugigkeit in wertender Hinsicht geradezu erzwingen, etwa im Arbeits- und im Mietrecht; hier macht sich der Jurist also schon durch das gehorsame Anwenden und loyale Zuendedenken der Anordnungen des Gesetzgebers oder, wie es auch heißt: der Politik des Gesetzes, bei der jeweiligen Marktgegenseite der geschützten

---

45 *H. P. Westermann*, Banken als Kreditgeber und Gesellschafter – Zur Entscheidungsfreiheit der Bank im Kreditgeschäft, ZIP 1982, 379; ders., Kreditwirtschaft und öffentliche Hand als Partner bei Unternehmenssanierungen (1983), bes. S. 19 ff. Es ist interessant, wie die dort erhobene Forderung nach einem „Sanierungsprivileg" (siehe dazu auch *Uhlenbruck*, Privilegierung statt Diskriminierung von Sanierungskrediten de lege lata und als Problem der Insolvenzreform, GmbHR 1982, 141) als „Bankenprivileg" sogleich diskreditiert werden konnte (*K. Schmidt*, Kapitalersetzende Bankenkredite, ZHR 147, 165; *Ullrich*, Gesellschafterdarlehen der Banken in der Finanzkrise der GmbH, GmbHR 1983, 133, 143).

Gruppe unbeliebt[46], ohne daß ihm dies angelastet werden könnte. Als Beispiel eines ausgewogenen Gesetzesvollzugs kann man die Entscheidungsserie des BGH zur Einschränkung der aktienrechtlichen Satzungsautonomie durch das MitbestG 1976 und zur Gleichberechtigung der Aufsichtsratsmitglieder von Anteilseigner- und Arbeitnehmerseite nennen[47]. Oft besteht dagegen die Versuchung, im Rahmen der Anwendung gesetzlicher Generalklauseln wie der Haftung für vorsätzliche sittenwidrige Schädigung nach § 826 BGB Politik zu machen. Besonders aufschlußreich ist vor diesem Hintergrund m. E. eine kürzlich ergangene Entscheidung des ArbG Siegen[48], das die Mitglieder eines Bankenpools wegen der fehlgeschlagenen Sanierung eines notleidenden Unternehmens nach dessen Zusammenbruch zur Zahlung der Arbeitslöhne an dessen Arbeitnehmer verurteilte. Das Ergebnis war durchaus kunstgerecht auf eine ganze Reihe von Einzelsätzen gestützt, die man isoliert in jedem Kommentar zu § 826 BGB nachlesen kann. Die entscheidende Wendung aber, die das Urteil für die Praxis gefährlich macht, ist die Annahme, bei Mißachtung von drohenden Alarmzeichen für eine Insolvenz könne die weitere Gewährung gesicherter Kredite eine sittenwidrige Verkürzung der zukünftigen Konkursmasse und eine Schädigung auch der Arbeitnehmer des Kreditschuldners darstellen, und bedingter Vorsatz sei zu vermuten. Dies ist angesichts des alle anderen Rücksichten regelmäßig in den Hintergrund drängenden Gewichts, das das Streben nach Erhaltung der Arbeitsplätze bei derartigen Entscheidungen gewöhnlich hat, schon fast eine verkehrte Welt. Abseits vom einzelnen Fall geht es mir hier aber wieder nur darum,

---

46 Zum Mietrecht ist auf die gründliche Aufarbeitung des Themas durch *Honsell*, Privatautonomie und Wohnungsmiete, AcP 186, 115 ff., hinzuweisen, das vielfach wieder die Einäugigkeit der Sichtweise beim Gesetzgeber und den Gerichten zeigt.

47 Kurze Übersicht bei *Geitner*, Die ersten höchstrichterlichen Urteile zum Mitbestimmungsgesetz 1976, Die AG 1982, 212.

48 ZIP 1985, 1048 mit Kurzkommentar von *Schwerdtner*, EWiR § 826 BGB 10/85, 873.

daß es zwischen Rechtsverweigerung, die dem Richter verboten ist, und Betreiben von Wirtschafts- und Gesellschaftspolitik Mittelwege geben muß, die der Jurist, dem an einseitiger Beliebtheit nicht gelegen sein darf, aufzusuchen hat.

4. Zwischenbilanz

Wir dürfen über den Einzelpunkten nicht das Gesamtbild der Gründe und Voraussetzungen des Ansehens der Juristen als unparteiische Sachwalter aus dem Auge verlieren. Selbstverständlich kann von Einzelfällen aus auch nicht auf die Einstellung des Standes geschlossen werden, so daß nach den bisherigen Feststellungen noch nicht gesagt werden könnte, die Juristen seien mehr oder weniger beliebt und seien es aus diesen oder jenen Gründen. Um aus dem bisherigen etwas diffusen Bild allgemeinere Folgerungen im Sinne des weiter formulierten Themas ziehen zu können, bedarf es daher noch eines Blicks auf die Tätigkeit des Juristen außerhalb der Streitentscheidung.

III. Zur juristischen Argumentation außerhalb der richterlichen Tätigkeit

1. Der Anwalt – Rechtsverdreher und Rechtsverwender

Ich hoffe, bisher nicht den Eindruck erweckt zu haben, an der Unbeliebtheit der Juristen seien die Richter schuld. Denn was an Nachteiligem bis hin zur Schmähkritik seit alters her über die Juristen gesagt worden ist, bezog sich meist auf die Advokaten[49]. Sie sind die eigentlichen Rechtsverdreher und obendrein Beutelschneider. Glaubt man den bekannten Zeichnungen von Honoré Daumier, die manche Rechtsanwälte in Verkennung ihrer Lage sogar noch in ihren Kanzleien als Wandschmuck benutzen, so ist gegenüber dem Advokaten mit seiner durchtrieben-großstädtischen Blutsaugerei ein durchschnittlicher transsylvanischer Vampir nur ein harmloser Joghurttrinker. Im Gegensatz zum Richterstand, jedenfalls in Mitteleuropa, kommt beim Anwalt für das Publikum das Odium des höheren Einkommens hinzu, welcher Eindruck ja auch verständlich erscheint mit Rücksicht darauf, daß die Rechtsuchenden die Angehörigen der Justiz nicht direkt bezahlen müssen und die Gerichtskosten bedeutend niedriger sind als die Anwaltsgebühren. Erfolg und Beliebtheit können hier besonders kraß auseinandergehen. Dennoch glaube ich, daß die Aufgabe des Juristen in Rechtsberatung und -gestaltung seine Stellung zur außerjuristischen Umwelt so prägt, daß er es leichter hat, in ihr zu Ansehen zu kommen.

Der Interessenvertreter einer Partei kann ihr nicht zu ihrem Recht oder zu dem, was sie dafür hält, verhelfen. Im Gegenteil wird oft beklagt, daß der Rechtsuchende dazu neigt, einen gewonnenen Prozeß als selbstverständlich, einen verlorenen als Fehlleistung u. a. auch

---

49 Zu den historischen Gründen *E. Wolf*, aaO. (Fn. 2) S. 5 f.

seines Anwalts zu sehen[50]. Die Parteilichkeit des Handelns des Prozeßbevollmächtigten und des Beraters bewahrt sie also nicht vor der Unzufriedenheit ihrer Partei, zumal ja die Vorstellung, der Anwalt müsse ständig für ihn Zeit haben, in der Praxis für nur sehr wenige Mandanten realistisch ist. Während, wie wir sahen, die Gefahr für das Ansehen der Richter darin liegt, daß die Rationalität ihrer Argumentation und ihre Einstellung zu außerjuristischen Umständen nicht deutlich werden oder in der Sphäre des Suspekten verschwinden, so daß der Eindruck entstehen kann, vor Gericht und auf hoher See stehe alles in Gottes Hand, hat es der Rechtsberater mehr damit zu tun, dem Eindruck zu wehren, er könne Gottes Hand lenken und sei dazu gegen angemessenes Honorar auch jederzeit bereit. Der vorhin erwähnte Notari im Wien Maria Theresias ist dafür ein gutes Beispiel. Es kommt ein weiterer Punkt hinzu: Während der Richter seine Ziele und Maßstäbe dem Recht entnimmt, sind die Vorgaben des Prozeßberaters, deutlicher noch die des Vertragsgestalters oder des Wirtschaftsjuristen, außerrechtlicher Art. Auch der Richter wird selbstverständlich immer ein wirtschaftlich und menschlich vernünftiges Ergebnis anstreben, und er setzt hierfür auch die Instrumente juristischer Argumentation ein. Doch geschieht dies naturgemäß mit dem Anspruch, daß das juristisch Richtige auch das Vernünftige sei. Demgegenüber hat es der beratende Jurist mehr damit zu tun, eine der Gültigkeitskontrolle standhaltende, Unsicherheiten vermeidende, steuerlich möglichst billige praktische Lösung zu finden. Er verwendet zu diesen Zwecken das Recht instrumental[51] und wird dabei bis zu einem gewissen Grade schöpferisch tätig, wobei seine hauptsächlichen Bausteine der Vertrag und der einseitige (dies auch im öffentlichen Recht) Gestaltungsakt sind.

---

50 *Bockelmann*, aaO. (Fn. 2) S. 9.
51 Näher dazu *E. Rehbinder*, Vertragsgestaltung (1982), S. 15 ff.; *H. P. Westermann*, aaO. (Fn. 7) S. 388 ff.; ders., Einführung in die Vertragsgestaltung: Die Übertragung einer Einkunftsquelle, Jura 1983, 309.

Das hier skizzierte Verhältnis des Rechtsanwenders zum Recht kann verhältnismäßig leicht die Begrenztheit dieser Ordnungsmacht erkennen und diese Erkenntnis verarbeiten. Natürlich ist eine solche Einsicht nicht auf die kautelarjuristisch Tätigen beschränkt; so findet sich etwa bei gesellschaftsrechtlichen Spezialsenaten häufig die Einstellung, daß die vom Recht determinierten Ergebnisse unter wirtschaftlichen und menschlichen Aspekten unzulänglich seien. Man drückt dies dann so aus, daß die beteiligten Juristen es allenfalls mit der Spitze eines Eisbergs zu tun hätten. Im Tätigkeitsbereich dessen, der vorwiegend das Recht instrumental verwendet, um außerrechtlich vorgegebene Ziele zu erreichen, ist das Regel-Ausnahmeverhältnis der von ihm an den Erfolg seiner Tätigkeit angelegten Maßstäbe, anders als beim Justizjuristen, im Kern wohl gerade umgekehrt. Hier liegt seine Chance und seine Gefährdung: Recht ist das Mittel, bestimmte außerrechtliche Ergebnisse abzusichern, d. h. sie verläßlich und notfalls erzwingbar zu machen, zum anderen aber ein Hindernis für eine vom Auftraggeber gewünschte Gestaltung.

Unter welchen Voraussetzungen ist der solchermaßen beschriebene Fachmann in seiner Umwelt beliebt und angesehen? In der kritischen Literatur würde vielleicht geantwortet: als nützlicher Idiot, der bis zu einem gewissen Grade sein Handwerk und den Gegenstand, mit dem er umgeht, in den Dienst ihm vorgegebener Zwecke zu setzen vermag. Das, was er tut, ist nicht mit der Aura des Geheimnisvollen oder Undurchsichtigen umgeben, sondern stellt sich als die Kunst des Möglichen dar, und der Rechtsstreit ist, bekanntem Beispiel folgend, die Fortsetzung dieser Kunst mit anderen Mitteln. Nicht wenige Kaufleute, die über größere Geschäftsabschlüsse verhandeln wollen, ziehen es vor, ihre Juristen erst einzusetzen, wenn sich die Ein-und Verkaufsabteilungen und/oder die Techniker einig sind. Ein Unternehmer, der sein Haus bestellen und mit seinen erwachsenen Kindern eine gesellschafts- und erbrechtliche, gegebenenfalls auch einen Pflichtteilsverzicht umfassende Regelung machen will, legt Wert darauf, seinen Kindern die Kosten und sich den Ärger selbständiger juristischer Beratung der Kinder außerhalb der ständi-

gen Betreuung durch den Hausanwalt des Unternehmens zu ersparen. Dies hat natürlich einen Grund in der Vorstellung, der eingesetz-
te Jurist müsse, um seine Kosten für seinen Mandanten wert zu sein,
für ihn mehr „herausschlagen" als sonst angeboten wäre. Aber es gibt
auch andere, wie mir scheint positiv zu bewertende Gründe für eine
derartige Zurückhaltung. So glaube ich, in der Wirtschaft, aber auch
in der Anwaltschaft zunehmend beobachtet zu haben, daß sich ein
gewisses Ethos der instrumentalen Rechtsverwendung auch außerhalb der strengen Bindung an die Pflicht zur neutralen Beratung, wie
sie dem Notar obliegt, entwickelt hat. Es setzt Beherrschung des von
Gesetz und Richtersprüchen geprägten objektiven Rechts, aber oft
genug auch Beharrungs- und Durchsetzungsvemögen gegenüber der
eigenen Mandantschaft, also im Kern menschliche Qualitäten voraus. „Unbequemer Mahner" oder „Stratege der Verhinderung" sind
die Epitheta, die ein Jurist sich verdienen kann, der sich hierbei nicht
beliebt gemacht hat. Aber leider – und das ist wichtig – sind Gesichts-
punkte des Rechts in den allermeisten Fällen in einen Entscheidungsprozeß nur eingebracht und hinreichend berücksichtigt, wenn sie
auch durchgesetzt worden sind; daß ein Rechtsberater oder Ver-
tragsgestalter sich im Hinblick auf die von ihm zu beurteilenden Fragen auf die Kunst des begenzten Risikos einläßt, ist unter den heutigen Bedingungen etwa des Wettbewerbsrechts, des Schadenersatz-
rechts, auch des Gesellschaftsrechts, erst recht des Steuerrechts,
kaum zu empfehlen und auch nicht mehr sehr verbreitet.

Deshalb ist es schon lange nicht mehr so, daß die Wirtschaftspraxis den Juristen etwa so ansieht wie die Mediziner den Patholo-
gen: als postmortalen Besserwisser, der es nur mit schiefgelaufenen
Fällen zu tun hat. Man weiß inzwischen, daß es nicht leicht ist, in
einem Vertrag die Zukunft zu gestalten. Man lernt daher die Fein-
heiten der aufschiebenden und der auflösenden Bedingung in einem
Testament schätzen, man durchschaut die hintergründigen Floskeln
in der Zweckerklärung einer Sicherungsgrundschuld zwar nicht auf
den ersten Blick, bekommt aber spätestens in der Insolvenz des
Schuldners einen Eindruck von der Schwierigkeit des Lavierens zwi-

schen AGB-Inhaltskontrolle derartiger Klauseln und dem Bemühen um „wasserdichte" Sicherheiten[52]. Man bequemt sich schließlich, in der Art seiner Absprachen und Verbindungen mit anderen Unternehmen den Rat des Kartellrechtlers zu befolgen. Ich glaube daher, daß es der in Rechtsberatung und -gestaltung erfahrene Jurist heute nicht so schwer hat, sich in seiner Umwelt durchzusetzen. Der vorhin[53] schon erwähnte königlich bayrische Amtsgerichtsrat Alois Eschenbacher wird denn auch von seinem Schöpfer nicht etwa in irgendeinem törichten Urteil, sondern darin karikiert, daß er beim Verkauf eines Wäschepakets an eine einfache Frau, die später hohnlachend seine Dummheit ausnutzt, seine ganze verknöcherte Jurisprudenz anbringt und dabei mit Händen zu greifende Punkte übersieht. Unbeliebt ist dieser Typ des Juristen dann, wenn er es nicht versteht, die aus der Sicht seines Auftraggebers klare Vorrangigkeit außerjuristischer Gestaltungsziele mit den von Rechtsnormen ausgehenden Notwendigkeiten in Einklang zu bringen. Versagt hat er, wenn er zuviel an Sicherheit versprochen oder zu wenig Phantasie zur Bewältigung von Gegenwart und Zukunft aufgewendet hat. Seiner Aufgabe ist er auch dann nicht gerecht geworden, wenn er auf menschliche Schwächen, auf die Macht von Antipathien und Sympathien, auf die Problematik des Zusammenlebens von Alt und Jung nicht genügend Rücksicht genommen oder Veränderungen in der Lebenshaltung der beteiligten Menschen (durch Eheschließung, Krankheit oder andere Unwägbarkeiten) nicht in Rechnung gestellt hat. Wenn er sich aber, um diesen Ansprüchen zu genügen, gewissermaßen über die aktuelle Lebenssituation der von ihm Beratenen erheben muß, so kann und darf auch er auf Beliebtheit oder Unbeliebtheit nur begrenzt achten, da er den Erfolg seiner Tätigkeit im Auge behalten muß, der sich nur bei sorgfältiger Berücksichtigung dessen einstellen kann, was Gesetz und richterliche Rechtsanwendung ihm als Datum vorgeben.

---

52 Dazu zuletzt BGH, NJW 1985, 849 u. WM 1982, 290.
53 Siehe Fn. 22.

2. Der Hochschullehrer

Soeben wurde eine bisher eher im Hintergrund stehende Kategorie eingeführt, nämlich neben der Beliebtheit der Erfolg. Das könnte dazu veranlassen, gleich anschließend über erfolgreiche und weniger erfolgreiche Juristen zu referieren, indem man – etwa in der Art einer Coda im Sonatensatz – darüber reflektiert, was denn – außer Geld, um das es uns allen zu tun ist – den Erfolg des Juristen ausmacht. Das würde aber zu weit führen. Stattdessen sollte, dem Anlaß entsprechend, noch ein Wort dazu gesagt werden, welche Stellung denn nun der Universitätsjurist in dem von mir entworfenen Bild hat.

Wer Vorlesungen von mir gehört hat, wird sich erinnern, daß die Entscheidungspraxis der Gerichte wie die Beratungs- und Gestaltungspraxis der Anwälte und Industriejuristen mir nicht nur als Beispiele, sondern als Ziel der Vermittlung von Kenntnissen und Methoden interessant und wichtig erscheinen. Das bezieht sich nicht nur auf spektakuläre Einzelfälle, sondern auch auf das, was wir für den Alltag halten, obwohl natürlich aufgrund unserer Berührung mit der Praxis die Erfahrungen mehr in außergewöhnlichen Fällen begründet worden sind. Somit sind die Kriterien einer zufriedenstellenden Lehr- und Forschungstätigkeit auf dem Gebiet der Juristerei nicht einfach durch Kumulation dessen darstellbar, was im vorigen mit Bezug auf gerichtliche und außergerichtliche Juristenarbeit gesagt wurde, ganz abgesehen davon, daß die sehr persönliche Mischung von Zartgefühl gegen sich selbst und Aufblicken zu anderen, die für Äußerungen eines Hochschullehrers zur Beliebtheit seines Standes nötig ist, nur selten erreicht werden kann. Immerhin kann man sagen, daß das juristische Studium, wie ich es im Lehrbetrieb beeinflussen möchte, kein Kurs in Beliebtheit sein kann, aber beständig darauf bedacht sein muß, die Gründe für die Unbeliebtheit der Juristen im Auge zu behalten, also die mangelhaften Kontakte mit seiner Umwelt und insbesondere die Schwierigkeit, seine Argumentation vor allgemeiner wertender Überlegung verständlich zu machen. Das

erfordert eine laufende Auseinandersetzung mit den geistigen und
materiellen Grundlagen, den prozeßpraktischen wie den außerjuristischen Ansprüchen an die Realitätsnähe dessen, was wir betreiben.

Das mögen jetzt Gemeinplätze sein, zumal die größtenteils
andersartigen Examenserfordernisse das juristische Studium unver-
mindert zu prägen scheinen. Aber auch dabei glaube ich, daß ein nur
wenig idealisiertes Juristenbild, wie ich es heute zu zeichnen versucht
habe, auf die Dauer nicht unbeachtet bleiben würde. Jedenfalls aber
bin ich davon überzeugt, daß ein Universitätsunterricht, der seinen
Adepten das Gefühl von der traditionellen Unbeliebtheit der Juristen
zwar nicht ersparen, sie aber doch in den Stand versetzen will, damit
gelassen fertig zu werden, ohne den ständigen engen Kontakt mit der
forensischen und der außergerichtlichen Praxis nicht auskommen
wird. Dies letztere setzt allerdings weiter voraus, daß sich die Uni-
versitätslehrer Zeit zur Prüfung juristischer Fragen nehmen und sich
auch in ihrem Verhalten nach außen hin des Umstandes bewußt werden, daß dies von ihnen erwartet wird, zumal sie hierfür, wie ich finde, ordentlich bezahlt werden. Zwar mag nicht jeder den rechten
Geschmack an echt dogmatischen Fragen finden wie etwa der, ob ein
gutgläubiger Ersitzungsbesitzer, der die Sache unwirksam vermietet,
weiter ersitzen kann. Aber ich glaube doch, daß wir uns auf einen
Lehr- und Forschungsbetrieb, der sich ganz von den aktuellen Fragen der Tagespraxis fesseln läßt, nicht einlassen sollten und daß wir
eine zeitweilige Verständnislosigkeit, die nicht ganz dasselbe ist wie
Unbeliebtheit, gut ertragen können.

IV. Anstelle einer Zusammenfassung

Ich hasse es, Zusammenfassungen eigener Texte zu schreiben, und habe mich deshalb – um beim Thema zu bleiben – als Autor sicherlich bei manchen Lesern – wenn es sie gibt – unbeliebt gemacht. Immerhin erlaubt die zuletzt wiedergegebene Beobachtung eine Art Schlußwort zum Thema Unbeliebtheit und Beliebtheit. Wir werden den Weg von der einen zur anderen Einschätzung in den Augen unserer Umwelt nicht finden, aber in Kenntnis der Gründe für unser zweifelhaftes Ansehen können wir vielleicht erreichen, daß wir den uns vorgegebenen Zielen dennoch näherkommen. Wenn wir weiter durchsetzen, daß die Abneigung der Umwelt gegenüber den Juristen auf den unvermeidlichen Kern dessen reduziert werden kann, was wir der Umwelt in ihrem eigenen Interesse zumuten müssen[54], können wir zufrieden sein. Manches ist durch den Ordnungsauftrag vorgegeben, mit dem wir betraut sind, anderes durch die Zumutung, gesellschafts- und wirtschaftspolitisch hoch brisante Fragen mit Instrumenten entscheiden zu müssen, die hierfür nicht geschaffen sind oder ihre Eignung dazu verloren haben, und darüber in einem Rechtsstab Einigkeit zu erzielen, der heute so heterogen ist wie unser Volk als Ganzes.

Das ist alles andere als ein enthusiastisches Votum oder eine Ankündigung, daß uns doch eines Tages Kränze geflochten werden könnten. Man sollte noch erwähnen, daß das skizzierte Bild den Juristen in seiner eigentlichen Tätigkeit betrifft, nicht den – vermutlich eher beliebten – Generalisten, der aufgrund der oft gerühmten vielseitigen Verwendbarkeit der Absolventen einer juristischen Ausbildung an ganz unterschiedlichen Stellen in Wirtschaft und Verwal-

---

54 Insgesamt beziehe ich mich auch auf die Bemerkungen *E. Wolfs*, aaO. (Fn. 2) zur Unentbehrlichkeit der Juristen.

tung Führungsaufgaben übernommen hat[55], nachdem er die erlernte Juristerei (weil diese unbeliebt ist) weitgehend vergessen hat. Der „reine" Jurist kommt bekanntlich für die Vorstandsposten in der Industrie kaum in Frage, sondern bleibt im zweiten Glied. Er müßte sich damit aber nach dem, was hier über seine Profession gesagt wurde, leidlich abfinden können, wie etwa die Hochschullehrer der Rechtswissenschaft es zu tragen haben, daß sie auch für überzeugende Forschungsergebnisse einen Nobelpreis niemals erhalten werden. Daß es trotz aufrichtigen Bemühens um die sprachliche Präsentation z. B. eines Traktats über Unbeliebtheit und Beliebtheit von Juristen der Literaturpreis nicht werden wird, kann man nicht einmal der Unbliebtheit des Fachs anlasten. Da somit sowohl das Hören als auch das Lesen des vorstehenden Textes eine gewisse Mühe bedeutet, kann ich abschließend nur die Hoffnung aussprechen, es möge sich gelohnt haben, der Ausgrabung eines akademischen Fossils[56] wie einer Antrittsvorlesung beizuwohnen.

---

55 Hierzu ist auf eine ironische Bemerkung des heute zu Unrecht fast vergessenen *Roda-Roda* (Das große Roda-Roda-Buch, 1933, S. 154) hinzuweisen: „Begreiflich, daß man Juristen im höheren Postdienst verwendet. Ich verstehe am Ende noch, daß man ihnen die leitenden Stellen im Sanitätswesen einräumt. Die richterliche Laufbahn aber sollte den Juristen bestimmt verschlossen sein."
56 Über akademische Fossilien erhellend und erheiternd *Heldrich*, JZ 1976, 254.

Der Autor

Harm Peter Westermann, geb. 1938 in Göttingen als Sohn eines (beliebten) Juristen, Abitur 1957 in Münster/Westf., Studium der Rechtswissenschaft in Münster, Paris und Wien, Promotion 1964 in Köln, Habilitation 1969 in Köln, Professor für Bürgerliches Recht, Handelsrecht und Rechtsvergleichung an der Universität Bielefeld von 1970-1984, seit 1984 Professor für Bürgerliches Recht, Handels- und Wirtschaftsrecht, Rechtsvergleichung an der Freien Universität Berlin. Veröffentlichungen auf dem Gebiet des Bürgerlichen Rechts und des Gesellschaftsrechts, bisweilen mit rechtsvergleichendem Einschlag. Dienstliche Nebentätigkeiten aus Interesse für Fragen der Juristenausbildung, namentlich im Hinblick auf die Vertragsgestaltung; außerdienstliche (entgeltliche) Nebentätigkeiten am Rande der juristischen Praxis.

Der Illustrator

Heinrich Honkomp, geb. 1962 in Münster/Westf. als Sohn eines Mediziner-Ehepaares, Abitur 1982 in Bremen, seit 1983 Student der Freien Bildenden Kunst an der Hochschule für Bildende Künste in Berlin.

Bitte beachten Sie die
folgenden Verlagsanzeigen

Geschenkbücher für Juristen

Juristen sind gar nicht so

Ein höchst subjektives Plädoyer für ihre Schwächen und Vorzüge. Gehalten von RA Dr. Hans Martin *Schmidt* und mit Karikaturen versehen von Walter *Hanel*. 6. Auflage 1987, 92 Seiten 17,8 x 21 cm, gbd. 24,– DM. ISBN 3 504 01844 5

Ein reizvolles Buch für Juristen und die Vielen, die sich ihr eigenes Urteil über diesen Berufsstand bilden wollen. Die hier gehaltenen Plädoyers – mal für, mal gegen die Juristen – ergänzt der Karikaturist Hanel auf seine Weise.

Standesknigge für Rechtsanwälte und Notare

Berufsrechtliche Vorschriften ausgewählt von Dr. Helmut *Weingärtner* und mit Karikaturen erläutert von Walter *Hanel*. 102 Seiten, 17,8 x 21 cm, 1987, gbd. 24,– DM. ISBN 3 504 01854 2

In der Bundesnotarordnung, der Bundesrechtsanwaltsordnung, den Richtlinien für Notare, den Standesrichtlinien für Anwälte etc. sind viele dienst-, verfahrens- und standesrechtliche Vorschriften enthalten, die Rechtsanwälte und Notare beachten müssen.
In dieser Neuerscheinung sind die wichtigsten zusammengefaßt und von Walter Hanel mit liebevoller Kritik bildlich kommentiert worden.

Rechtsanwälte in Karikatur und Anekdote

Von RA und Notar M. A. *Nentwig*. 5., überarbeitete Auflage 1987, 94 Seiten 17,8 x 21 cm, gbd. 24,– DM. ISBN 3 504 01815 1

Die Sammlung erstreckt sich von mittelalterlichen Darstellungen bis zur modernen Karikatur, die durch Anekdoten, Aphorismen und erläuternde Texte des Verfassers angereichert werden. Aus dem Inhalt: Eine Prise Geschichtliches; der Anwalt in seinem Beruf; Rechtsanwälte sind eigenwillige Persönlichkeiten; Anwalt und Klient; Anwälte unter sich.

im Verlag Dr. Otto Schmidt KG

Richter in Karikatur und Anekdote

Von RA und Notar M. A. *Nentwig*. 102 Seiten 17,8 x 21 cm, 1981, gbd. 24,– DM. ISBN 3 504 01821 6

Nach der erfolgreichen Darstellung des „Rechtsanwalts in Karikatur und Anekdote" wendet sich Nentwig nun dem Richter zu und legt gleichsam auch eine kleine Kulturgeschichte dieses Berufsstandes vor. Die Karikaturen und Anekdoten zeigen den Richterberuf in seiner Vielfalt auf – den unabhängigsten Beruf der Welt. „... Ein gleichermaßen erheiterndes wie nachdenklich stimmendes Buch – der seltene Fall einer ‚angenehmen juristischen Lektüre'." (Monatsschrift für Deutsches Recht)

Frauen haben immer Recht

Eine männliche Belehrung mit Gesetzestexten und Illustrationen von RA Dr. Hans Martin *Schmidt* und Walter *Hanel*. 3., überarbeitete Auflage 1986, 112 Seiten 17,8 x 21 cm, gbd. 24,– DM. ISBN 3 504 01847 X

Die Autoren sind den weiblichen Spezialvorschriften in den Gesetzbüchern auf die Spur gegangen. Sie haben es fertiggebracht, einen sonst ausgesprochen trockenen Stoff amüsant zu gestalten und mit lustigen Zeichnungen zu würzen, so daß die Paragraphen auch für diejenigen, die sich sonst nie damit befassen, lesenswert werden. Die 3. Auflage wurde auf neuesten Stand gebracht und z. T. mit neuen Zeichnungen versehen.

In Vorbereitung:

Wenn man's Recht betrachtet

Richterliches und Menschliches vom Baum der Erkenntnis. Von Prof. Dr. Rudolf *Gerhardt*. Ca. 120 Seiten DIN A5, 1987, engl. brosch. ca. 19,– DM. ISBN 3 504 01831 3